根·与·翼

根与翼

汪淑青教学札记

汪淑青/著

图书在版编目（CIP）数据

根与翼：汪淑青教学札记 / 汪淑青著 . -- 北京：世界图书出版公司，2019.6

ISBN 978-7-5192-6317-1

Ⅰ . ①根… Ⅱ . ①汪… Ⅲ . ①中学语文课—教学研究 Ⅳ . ① G633.302

中国版本图书馆 CIP 数据核字（2019）第 111101 号

书　　名	根与翼：汪淑青教学札记
（汉语拼音）	GEN YU YI : WANGSHUQING JIAOXUE ZHAJI
著　　者	汪淑青
总 策 划	吴　迪
责任编辑	滕伟喆　刘贝贝
装帧设计	刘　岩
出版发行	世界图书出版公司长春有限公司
地　　址	吉林省长春市春城大街 789 号
邮　　编	130062
电　　话	0431-86805551（发行）　0431-86805562（编辑）
网　　址	http：//www.wpcdb.com.cn
邮　　箱	DBSJ@163.com
经　　销	各地新华书店
印　　刷	北京虎彩文化传播有限公司
开　　本	787 mm × 1092 mm　1/16
印　　张	17.5
字　　数	315 千字
印　　数	1—3000
版　　次	2022 年 6 月第 1 版　　2022 年 6 月第 1 次印刷
国际书号	ISBN 978-7-5192-6317-1
定　　价	45.00 元

我们能希望给孩子的永久礼物，只有两种：

第一是根，第二是翼！

——［美］霍丁 · 卡特

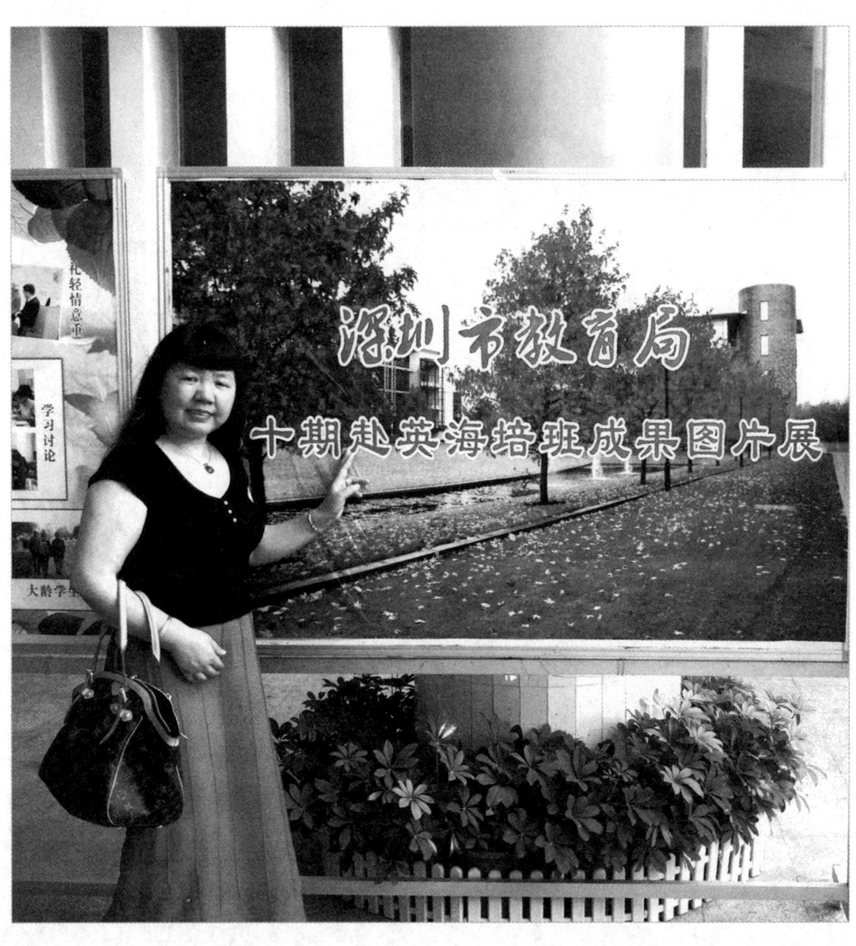

序言 PREFACE

让阳光照亮每个学生的心灵

本着勤勤恳恳做人、扎扎实实做事的人生准则，我在教育战线已经辛勤耕耘28年。1999年，我以当年教师招聘考试全区第二名的成绩，成为罗湖外语学校（以下简称罗外）创办以来的第一批教师之一！连续在罗外任教19年！连续担任班主任15年！连续担任备课组长9年！见证罗外从起步到现在的辉煌，我以罗外为荣，我与罗外共同成长！是罗外让我获得了一个一线教师的成就感和幸福感！

我先后被评为深圳市优秀班主任，罗湖区首届百佳班主任；区先进教育工作者；区优秀班主任，罗外十佳班主任；市民革活动积极分子；市民革优秀党员；全国中语会重点科研项目先进实验教师；鹰潭市政协委员……领导的莫大信任，使我感到责任重于泰山，连续15年担任班主任，我总结的教育教学理念是：让阳光照亮每一个学生的心灵，相信每一朵花都有其绽放的理由。

一、汪老师的开学三句话

接手每一届新生时，我都要送给他们学习语文的三句话：

腹有诗书气自华！

不动笔墨不读书！

成功，就是每天进步一点点！

目的是让学生树立大语文的观点：多读书，读好书，注重文化积累，培养人文素养，向生活学习，做到腹有诗书气自华。培养正确的学习方法：圈点勾画，旁批眉批，多积累，不动笔墨不读书，把简单的事做好，你就不简单！树立语文学习的信心：即使小学基础弱也没关系，从现在开始，一步一个脚印，成功，就是每天进步一点点，相信自己能行！

这三句话在学生初中三年的学习中都管用，在平时教学中我常常会拿来验证，所以很多学生都牢记在心。例如，学生上课溜神了，我提醒他记笔记，他马上会意一笑：不动笔墨不读书！考完试，成绩好的学生有懈怠现象，成绩弱的学生自卑情绪，我拍拍他们的肩膀：成功，就是每天进步一点点！

二、能“语”会“文”——我的语文具体目标定位

1. 能“语”——培养会说话的人

语文本该是一门能让人心潮澎湃、无限激动的课程。在这个广阔神奇的言语世界里，我们可以与古人、今人、伟人、巨人以及自然社会进行心灵的对话和精神沟通。这就要求教师通过与学生的对话，激励并促成学生与课文作者的对话，与自己心灵的对话。

为了实现这个目标，我几乎每节课都让学生课前微分享，让每个学生都有分享的机会，以此培养学生的语言表达能力。

2. 会“文”——培养能写作的人

抓练笔，放飞学生的心灵。从某种意义上说，练笔比平时正规的作文训练还重要。因为练笔给了学生自由的写作空间，是他们抒发真情实感的、毫不拘束的自由平台，所以有利于培养学生成为一个愿意写作的人、会写作的人。

得益于这一点，我的学生在全国作文竞赛、市读书月现场作文竞赛等屡获大奖，中考语文A^+人数名列前茅。

一个能“语”会“文”的人，也将是“有健康个性，健全人格，有较高人文素养的人”，这既是我的语文具体目标定位的根本，也是实现语文终极目标的保证。

三、将阅读进行到底！

很多教师能够用三四节课来讲解一篇课文，却舍不得拿出哪怕一节课来给学生自主阅读，特别是毕业班，有些教师好像觉得阅读课外书就是浪费时间，宁可让学生把大量时间花在做题、技巧训练上，也不愿意学生把时间花在能让学生真正受益的阅读上，这其实是违背语文学习规律的。为此，我坚持自己一贯的语文教学理念——将阅读进行到底！我多年的语文教学所取得的优异成绩

证明了这一做法的有效性和可操作性，今年我的学生即将进入毕业班，我还是一如既往地坚持我的有效阅读——将阅读进行到底！我的主要指导方法如下。

1.寻找一本对自己一生有用的书

据说曾经叱咤风云的拿破仑，随身携带一本书转战南北，读了16遍，那便是《少年维特之烦恼》。这个铁骨铮铮的男人的爱情是苍白的，他爱的女人因为世俗的种种原因，不能与其相守，正是文学使他认识自我，与灵魂对话，与知音共勉，得到心灵的抚慰与释然！帮助学生寻找一本对自己一生有用的书，让学生在阅读中真正受益终身。

教师在这个过程中可推荐一些适合学生的读物，除了教材要求的名著阅读，我推荐的《目送》《文化苦旅》《张晓风散文选》等，对学生人文素养和写作水平的提高都有良好的引领作用！

2. 朗读分享出奇效

朗读分享自己的阅读精髓，由小组推荐精品片段，课堂上有感情地朗读评比、师生评点、畅谈感受。教学中要做到全员参与，不让一个学生游离于参与之外。

这个过程要求学生在选择储备阅读名篇的基础上，各小组精选出美文有感情地朗读，然后发表对选文的理解和看法。推荐组参与讨论，在互相讨论中，增加对选文的理解。教师适当地进行引导评论，融入学生讨论之中。通过这种形式的训练既能促使学生深入领会文章的情感内容，又能训练学生的朗读技巧。

将阅读进行到底，让学生真正参与阅读、乐于阅读、有效阅读！

四、周记批语——架起连接心与心的桥梁

“这样的作业给我来一打！”这是一位大学教师的作业评语，其实，类似的话，我十多年前就在用了。请别吝啬你的赞誉，只有这样才会创造出乐教乐学的氛围，才会让学生感到付出一份辛劳便会有一份收获的快乐，而这份快乐会给他们带来巨大的信心和更大的投入。

任教多年来，我很得益于周记的批改。写出你的宽容，收获的是亲近；写出你的鼓励，产生的是动力；写出你的公正，换来的是信任；写出你的关心，回报的是真情。它架起了老师与学生心与心的桥梁。

学生亲其师，才能信其道。有时候，教师的一句体己的话语，一个鼓励的

眼神，一次信任的微笑，一个尊重的姿势，都能唤醒学生沉睡已久的意识和潜能，都能使学生天性中最优美、最灵动的东西发挥到极致。因此，我的学生中考语文成绩和班级总分，都是名列前茅！

五、我的学生中考成绩骄人

我所带的2005届钟颖欣同学以881分的总分获深圳市中考状元！高出第二名近20分！班平均分691.9分！高出当年深圳中学录取线（610分）81.9分。

我所带的2008届中考800分以上1人：王仲炯同学810分，获全年级第一。班平均分671.6分。

我所带的2011届、2014届中考班级平均分年级第一，700分以上人数年级第一，语文A^+人数年级第一。

我连续9年担任备课组长，所带的2008届年级语文平均分80.5分，全市第二，紧追市外。

我也因此多次在学校大会做经验介绍："让阳光照亮每个学生的心灵""教育——让我欢喜，让我忧""亮在需要的地方""每一朵花都有绽放的理由""奏响生命的强音""轻轻敲醒沉睡的心灵""把握生命里的每一次感动"……

正是孩子们充实了我的每一个日子，是他们一个个地走进了我的心灵深处。多给自己一点幸福的理由，你会发现，幸福其实很简单。

六、我的教研博客点击率242万多

我把培养学生能"语"会"文"作为我的语文教学目标定位，也把它作为我个人语文素养提高的目标定位！多年来笔耕不辍，一直坚持写教育教学博客，"汪淑青的博客"现有文章6765篇，设有栏目44个，访问总数2425806人次，罗外第一，罗湖区第五，获罗湖信息技术节一等奖！从博客评论和博客留言中得知，我的学生，我的家长，乃至全国各地的读者都在其中受益匪浅。

总之，为了教育教学的那一片晴朗的天空，要尊重学生，热爱学生，唤醒学生人格心灵。我的教学宗旨是：让阳光照亮每个学生的心灵。

2019年3月

目录 CONTENTS

上篇

根：静下心来教书，潜下身来育人

下 篇

翼：行万里路　读万卷书

附 录

上篇 根

静下心来教书，潜下身来育人

给灵魂一个支点

——新时代新民族精神的教育

阿基米德说：“给我一个支点，我能把地球撬起来！”

我说：“给我一个支点，我能把灵魂支撑起来！”

——题记

民族精神是一个民族赖以生存和发展的精神支撑。一个民族，没有振奋的精神和高尚的品格，不可能自立于世界民族之林。在五千多年的历史发展中，中华民族形成了以爱国主义为核心的团结统一、爱好和平、勤劳勇敢、自强不息的伟大民族精神。一个伟大的国家和民族，在前进的道路上总会遇到这样那样的困难，也总会在绝大多数人身上体现出惊人的力量，折射出伟大的民族精神，推动国家和民族不断前进，他们中的代表人物就是民族的脊梁。例如，在防治“非典”的过程中，那些工作在平凡岗位上的人就折射出了这种伟大的民族精神。伟大的民族精神靠传统滋养、靠思想教育，靠宣传弘扬，所以我们一定要大力弘扬以爱国主义为核心的伟大民族精神，为现代化建设提供强大的精神动力。民族精神来自何方？来自全社会对共同目标的认同和齐心协力、孜孜不倦、前赴后继的追求。

随着中国社会的不断发展及发生的巨大变化，少年儿童教育面临着新的课题和挑战。对少年儿童进行思想道德教育，是任何社会、任何时代都不可忽略的问题。少年儿童是未来必然的主人，有什么样的少年儿童，社会就有什么样的未来。少年儿童的思想道德教育既是一件关乎国家民族前途命运的大事，又是一件复杂、专业、艰难的大事。因此，除了党中央、国务院的重视之外，还需要全社会集中智慧、调动资源、广泛参与、积极探讨，这样才有可能做到对国家、对民族负责。《中共中央国务院关于进一步加强和改进未成年人思想道德建设的若干意见》明确提出，要“深入进行爱国主义、集体主义、社会主义和中华民族精神教育，大力加强公民道德教育，切实改进学校德育工作，广泛开展精神文明创建活动和形式多样的社会实践、道德实践活动，积极营造有利于未成年人健康成长的良好舆论氛围和社会环境，广大未成年人的综合素质不断提高。热爱祖国、积极向上、团结友爱、文明礼貌是当代中国未成年人精神世界的主流。”我们要大力宣传“爱国守法、明礼诚信、团结友善、勤俭自强、敬业奉献”20字的基本道德规范，要大力弘扬和培育民族精神，积极推动公民道德建设。

实现中华民族的伟大复兴，需要一代又一代人的不懈努力。从未成年人抓起，培养和造就千千万万具有高尚思想品质和良好道德修养的合格建设者和接班人，这既是一项长远的战略任务，又是一项紧迫的现实任务。我们要从确保党的事业后继有人和社会主义事业兴旺发达的战略高度，从全面建设小康社会和实现中华民族伟大复兴的全局高度，从树立和落实科学发展观，坚持以人为本，执政为民的高度，充分认识、加强和改进未成年人思想道德建设的重要性与紧迫性，以适应新形势、新任务的要求，积极应对挑战，加强薄弱环节，在巩固已有成果的基础上，采取扎实的措施，努力开创未成年人思想道德建设工作的新局面。以爱国主义为核心的团结统一、爱好和平、勤劳勇敢、自强不息的伟大民族精神，既是中华民族赖以生存和发展的强大精神支撑，也是中华民族赖以振兴和腾飞的强大精神动力。在举世瞩目的抗击“非典”斗争中，全国各族人民大力发扬万众一心、众志成城、团结互助、和衷共济、迎难而上、敢于奋战的精神，谱写了中国人民不畏艰险、争取胜利的壮丽诗篇，奏响了弘扬伟大民族精神的嘹亮凯歌，使伟大民族精神在新形势下得到锤炼和升华。

弘扬和培育民族精神，是社会主义思想道德建设的一项极为重要的任务。采取具体措施把弘扬和培育民族精神纳入国民教育和精神文明建设全过程，广泛开展“弘扬和培育民族精神，全面建设小康社会”主题教育活动，在全社会大力倡导解放思想、实事求是、与时俱进、开拓创新的精神，顾全大局、团结协作、一方有难、八方支援的精神，艰苦奋斗、自强不息、爱岗敬业、无私奉献的精神和扶危济困、见义勇为、尊老爱幼、邻里互助的精神，把伟大的民族精神转化为激励学生刻苦学习的强大精神动力。

一、让奉献精神大放光芒

何为奉献？奉献就是服务。严格地说，服务应该是一种精神和理念，是来自思想深处的表现在骨子里的东西，是非常含蓄的一种气质、风度、风格、风范或雅量，但只要你看到或发现，就会马上领悟到、了解到和感受到这种东西的极其亲切可人和非同寻常。奉献精神是一种高尚的情操、表现、行为、品质和修养，也是所有有德行的人所向往和追求的。

今天我们谈奉献精神，就应把奉献精神在全社会范围内发扬光大。奉献精神应该是人类最伟大高尚的灵魂和精髓，我们不能随意亵渎、糟践它，或者随意出卖它。在全社会范围内我们应该提倡这种精神，但不能随意把这种精神作为礼品或礼物奖赏恩赐他人，那些战斗在抗击“非典”最前线的白衣战士，用他们的生命来保护捍卫他人生命的人，应该是有着巨大的奉献精神的。如果没有奉献精神，谁愿意把自己的生命就这样随意交给那些与自己毫无关系的病人？实际上，这场没有硝烟的战争也确实把许多贪生怕死、毫无奉献精神的人充分暴露了出来，同时涌现出千千万万英勇无畏、具有高度奉献精神的真正英雄。

在市场经济条件下，讲奉献已经过时了吗？当然不是。常言说，帮助别人就是帮助自己。前一个“帮助”是不苛求任何回报的奉献，在市场经济条件下也不例外；后一个“帮助”是自己在这种奉献中洗涤了灵魂，这种无价的“回报”更有利于个人在市场经济大潮中搏击取胜。奉献者比常人多一份爱心和付出，收获的却是人格魅力、诚信、尊重等宝贵的“无形资产”。

二、让诚信之花蔚然成风

“人无信不立！”

中共中央宣传部、教育部等六部门共同下发的《关于开展社会诚信宣传教育的工作意见》，要求“普遍提高学生的诚信意识”。但是，在一些领域不信守承诺、欺骗欺诈等现象屡见不鲜，这些社会不良现象侵蚀着校园，给中小学生的健康成长带来了不利的影响。例如，在一些地区和学校，个别学生考试作弊、言行不一、欺骗他人的情况时有发生。

面对社会发展变化对中小学生思想道德教育的新要求，我们要充分认识和加强中小学诚信教育，建设诚信社会对实现全面建设小康社会宏伟目标和完善社会主义市场经济体制的重要性；充分认识诚实守信的品德是立身之本，做人之道，必须从小培养，贯穿于教育的全过程；充分认识诚信教育是摆在我们面前的一项重要任务，必须作为学校工作的一件大事，认真抓紧抓好。要根据中小学生的生理、心理特点和认知规律，将诚信教育作为中小学弘扬和培育民族精神教育、思想道德建设的重要内容，纳入学校德育工作计划。诚信教育要与社会公德教育、法制教育、心理健康教育、职业道德教育有机融合，提高整体教育效果。

中小学诚信教育要通过多种形式的教育活动，使中小学生了解诚信的基本内容，懂得诚信是做人的基本准则，增强学生法律意识和诚信意识，提高学生守法、守规的自觉性，使学生牢固树立守信为荣、失信可耻的道德观念，从小立志做讲诚信、讲道德的人。培养学生诚实待人、关心他人、富有同情心、乐于助人的精神品格，教育学生严格要求自己，言行一致，不说谎话，作业和考试求真实，不抄袭、不作弊。培养学生守时、守信，有责任心，努力做到言必信、行必果，教育学生如遇到失误，要勇于承担责任，知错就改。具体地说，可通过以下方式开展和加强中小学德育教育：

（1）以学生为主体，组织丰富多彩的教育活动。诚信教育重点在知行合一，关键在践行，精心安排贴近生活、贴近实际、贴近学生的诚信教育活动。

（2）诚信教育要与传统美德教育相结合，挖掘和利用传统美德中有关诚信的格言、楷模、典故、故事等，通过诵读、故事会、表演等形式，充分调动学生自主学习的积极性，在喜闻乐见、寓教于乐的活动中，使学生感受、体会诚信是做人的根本。

（3）充分利用现实生活中有关诚信的典型案例、典型人物，通过报告会、座谈会、上门参观、走访等形式，使学生感受诚信对一个人成长的重要性。

（4）以“人人知诚信、人人讲诚信”为主题，利用校、班、团队会组织研讨会、辩论会，举办征文、演讲、知识竞赛等活动，充分利用校内橱窗、黑板报、广播、校园电视台、校园网大力宣传诚信教育的基本内容、要求和重要意义，形成“人人知诚信”的良好氛围，为“人人讲诚信”打下舆论基础。

（5）充分利用每年9月20日全国“公民道德宣传日”和每年9月的全国“中小学弘扬和培育民族精神教育月”的活动契机，将诚信教育作为重点之一，安排时间组织相关教育活动。

（6）将诚信教育渗透到学科教学中。教师在教学过程中要善于抓住时机，结合教学内容，将诚信教育有机地渗透到教育教学活动之中，培养学生诚实守信的品质。文科教学要结合教学内容，丰富诚信教育内容，寓诚信人物、事件等于课堂教学之中；理科教学要在体现实事求是、严谨科学精神的基础上，融入诚信精神。

（7）为人师表，率先垂范。教师要带头讲诚信，做到“言必信，行必果”，要求学生做到的，教师自己首先要做到，身体力行、有诺必践，以教师高尚的品行、人格的魅力、诚信的作风取信于学生、家长和社会，提高公信力，做诚信的表率。

（8）坚持贴近实际、贴近生活、贴近未成年人的原则。教师既要遵循思想道德建设的普遍规律，又要适应未成年人身心成长的特点和接受能力，从他们的思想实际和生活实际出发，深入浅出，寓教于乐，循序渐进；多用鲜活通俗的语言，生动典型的事例，喜闻乐见的形式，用疏导、参与、讨论的方法，进一步增强诚信教育的针对性和实效性、吸引力和感染力。

（9）坚持知与行相统一的原则。既要重视课堂教育，又要注重实践教育、体验教育、养成教育，更要注重自觉实践、自主参与，引导未成年人在学习道德知识的同时，自觉遵守道德规范。

（10）坚持教育与管理相结合的原则。不断完善思想道德教育与社会管理、自律与他律互补和促进的运行机制，综合运用教育、法律、行政、舆论等手段，更有效地引导未成年人的思想，规范他们的行为。

给我一个支点，我能把灵魂支撑起来！用奉献和诚信给灵魂一个支点，我们将用雄辩的事实使传承至今的伟大民族精神再一次迸发出绚烂的光彩，并将我们的民族精神提升到一个新的境界，使中华民族巍然屹立于世界的东方。

（本文获原论文一等奖）

2004年5月8日

让阳光照亮每一个学生的心灵

——在全校大会上介绍班主任经验

我当班主任所用的两种方法即笨办法和巧办法。

所谓笨办法，我自己戏称为“三陪”：陪读、陪练、陪玩。

刚接这个班时，由于频繁换班主任（我是第五个），学生的心很散，学习自觉性很差，成绩在年级是倒数，我不得不采取笨办法，几乎每节课课间都要到班上去看看，一年多来，我几乎天天陪晚自习，陪早读，甚至连早上跑步也陪着，每天中午也要在上课前赶去看看。这个办法对于教师来说，确实挺累，但却让我更多地了解了学生，更及时地处理了班级可能发生的问题，因此在常规管理上，扣分较少。去年，年级试行晚自习无人下班，我班被评为“晚自习先进班级”，其实是我暗中“陪”出来的。这给学生带来了巨大的信心，让学生信其师。

我的笨办法虽然给我带来了不少的帮助，但是如果一味地采用这个方法，也许你就成了学生心中古板的老师，让学生信其师容易，让学生亲其师就难了，我下面要讲的巧办法就从不同程度上弥补了这个不足。

所谓巧方法，其实也谈不上“巧”，其目的是最大限度地尊重学生，唤醒学生的人格心灵，建立和谐、民主、平等的师生关系。马克思说：“教育绝非单纯的文化传递，教育之为教育，正是在于它是一种人格心灵的唤醒。因此说教育的核心所在就是唤醒。”最近，北京教育科学“九五”规划重点课题“尊重·基础道德教育与实践”结题，引起了很大的反响，它的实质就是注重道德教育过程中人的主体精神和弘扬民主、平等、和谐的师生关系的构建，体现“主体—发展”的现代教育思想。

尊重就是尊重人、理解人、关心人、信任人。从心理学的角度讲，尊重是人的心理需要，每个人都需要别人的尊重。我们要尊重学生的人格，尊重学生的主体地位，发展学生个性，营造民主、平等、和谐，适应学生发展的教育环境。

这里我想就三个方面谈谈自己的体会，与大家共同探讨。

一、别吝惜你的赞誉

记不清哪位教育家说过这样的话：一个优秀的教师每天要准备一百顶“高帽子”，并把它送给每一名学生。将心比心，有时领导不经意的一句赞誉，可能会让你激动好几天，让你产生巨大的工作激情，更何况是学生？我真的很感激陈校长，在我接这个班不久，就给予我很多鼓励。正是基于这一点，我把我的赞誉也及时送给了学生，哪怕是最调皮的学生，我也会表扬他对老师很有礼貌；哪怕是最内向的学生，我也会表扬他文静秀气，学习能静下心。这样可以让每个学生不自卑，看到自己的闪光点。不怕大家笑话，有时，班上气氛沉闷了，缺少活力了，我甚至会编一些话来赞扬他们，如“余校长又表扬我们班进步大”“李主任说我们班的英语环境布置很不错”“齐老师说你们中有很多同学很聪明，甚至可能超过重点班的同学”“办公室里的老师说‘真羡慕你，你班的学生这么乖，这么有人情味’。你们还真给老师争气！”几句看似简单的赞誉，却可以激活整个班上的学生。所以，请别吝啬你的赞誉。

二、班级信箱——开启心与心的门窗

班级信箱的开设让我受益匪浅，它是班级凝聚力的溶合剂，它是师生关系的调色板，它是传递友情的和平鸽，它是紧张学习中的开心果，它是班级管理中的金钥匙、智多星。它开启了心灵的门窗，让大家尽情释放自己，其中有对同学的友善，有对教师的赤诚，有善意的批评，有真诚的鼓励，让师生在欢声笑语中抒发着对集体的热爱。

三、重视周记批语

担任班主任以来，我一直重视周记的批改，因为周记是连接教师与学生心与心的桥梁。

总之，不管是笨办法还是巧办法，都是从班级利益出发，从学生利益出发，尊重学生，热爱学生，唤醒学生的人格心灵。上个学年，我班班风、学风都有了较大的改进，各科成绩名列前茅，得到校领导的首肯和家长的认可，被评为校“先进班级”。本学年，我一如既往地坚持我的作风，如虽然有两位从私立学校新转来的学生，行为习惯较差，班里常规评比失分，几乎有六成都是因他们而扣的。而且他们成绩都很差，一个数学考15分，一个考21分，影响了班级成绩，期中考试班上数学90分以上的人数是其他几个平行班的总和，但因为这两名学生，使平均分只排在第二。但我仍然没有放弃对他们的关怀和帮助，因为我的宗旨——让阳光照亮每个学生的心灵。

2001年6月12日

每一朵花都有绽放的理由

——初三学生心理健康教育初探

联合国世界卫生组织（WHO）对健康的定义是：“不但是没有身体缺陷和疾病，还要有完善的生理、心理状态和社会适应能力。”可见，心理素质已成为构成人的整体素质的一个不可缺少的内容和目标。

初一的学生比较“乖”，初二的学生比较“散”，初三的学生比较“坏”，初二、初三的学生身上所体现出的种种躁动、各种心理问题，确实令人十分忧虑。这个年龄段处于人格形成的萌芽期，对于即将来临的成人阶段，他们是带着自己的眼光、自己的理解来对待的，已有的或多或少的知识储备、角色转换，足以使他们重新认识和质疑父母、家庭、学校、老师、权威。相比小学生，他们已开始具有强烈的成人意识，渴求独立、平等、公平，但经济上的难以独立，思想上存留的对父母的依赖，又让他们倍感压抑，觉得自己始终处于受管制、被约束的地位，既缺乏社会经验又难以意识到缺乏成人的监护他们其实难以独立应对问题。外界不同寻常的诱惑和熏染，与相对枯燥单调的日常学校生活形成了鲜明的对比，学校日常所灌输的道德观念、价值标准在形形色色的社会生活中倍受冲击，使学生极易受到不良思想和行为的影响。

综上所述，初二、初三的学生处于半独立、半依赖，半成熟、半幼稚的成长时期，有其特殊的心理矛盾，有成人难以理解的困惑与苦恼。他们的许多心理冲突，或被自我掩盖，或被成人忽视，以至于不少学生感到孤立无助，只好隐抑在心灵深处，备受煎熬，甚至诱发各种心理障碍。

严峻的现实提醒我们：不能只关心学生文化知识的掌握而忽视他们健康心理素质的培养。

一、做一个欣赏者

教育心理学告诉我们，学生在课堂上的认知速度和质量与其认知态度、情绪有着密切的联系。正确而又积极的学习态度、良好的成功动机、愉快的情绪、高度的注意力、适度的心理紧张状态，是教与学得以顺利进行的前提条件。那么，如何调动学生的学习积极性，取得良好的教学效果，从而提高教学质量呢？教师除了要在教学内容、教学方法、教学手段以及教学环节等方面精心设计和处理外，还应讲究与学生心理协调的艺术，从而缩短与学生的心理距离，创造一个和谐、活跃的课堂氛围。

在传统的教育中，可谓是“师道尊严”。由于学生作为独立的社会个体，身上具有无限的潜能，而教师的作用是帮助学生最充分地发挥其内在潜能，所以必须放下为师的“架子”，以朋友的身份走近学生，让学生从心理上接受。每个人都有权利表明自己的观点，也应接受他人的批评，包括教师在内。教师不再是自我权威的维护者和教材的代言人，而是学生能力的激发者、培养者、欣赏者。

二、善开班会——架起心灵的长虹

班会是我的最好阵地，每周一节的班会课，都有时间不够用的感觉，除值日班干部、各组长、各科代表的总结，更主要是每一堂课，都要定下一个有针对性的主题，达到发人深思、催人奋进的效果。

一个成绩好的班也会有意想不到的问题，如浮躁与骄傲情绪问题、培优与常规作业协调问题、各科齐头并进问题，乃至卫生、做操等常规问题，如果教师不及时引导，及时纠正，都将影响整个班级风气，产生不良后果。

重点班会如“没有任何借口”“学会自己学习，塑造理想人格”“不待扬鞭自奋蹄”“态度决定一切”“我以我的荣誉起誓”等，产生了端正思想、发人深思、鼓足干劲的效果。

三、留点“自由”给学生

师生的交往也是双方互动的交往。调查表明，学生对教师的态度中情感成分比较重。他们对自己喜欢的教师常作出积极的反应，而对自己不喜欢的教师往往采取消极的反应。由此可见，教师努力保持与学生的良好关系，用期望的目光关注每个孩子的成长，有利于学生良好心理的形成和教育的有效实施。

课堂教学是一种充满丰富感情色彩的活动，良好的课堂气氛的形成，可以看作教学移情的结果。教师具有正确的学生观，对学生充满爱心，始终保持对学生的积极的感情投入，发自内心地尊重学生，真诚平等地对待学生，摒弃专制或放任的教育态度，努力采取与学生心理上接近、相容的民主的态度和方法开展教学工作，这样就能打开师生之间、生生之间心理交往的渠道，形成真诚、信任、民主、愉快的课堂气氛。课堂上的这种“美妙的和谐”，将激发学生的自尊心，激起学生的自信心，激励学生的上进心，使学生的潜能和个性得到充分发展。

每个人都有自尊心，教师不应忽略这一点，无论面对什么样的学生都切忌轻易伤害他们的自尊心。在学生回答问题时，即使答错了，也不要立即打断，要在学生答完后再一一纠正。在对学生进行批评时，要注意方式方法。绝大多数学生是具有学习的积极性的，心理动机是想学好的，但是由于各种原因，动机与效果没有达到一致。教师应帮助学生找出症结所在，制定解决的办法，使教学与情绪有机地结合起来。

在心理上的角色互换有助于促进与学生在情感上的沟通和认识上的交流。教师应经常回味自己做学生时的心态，让学生进行“假如我是教师”的设想。通过这样的心理换位，达到共感认知，协调一致。

学校在教师之间、学生之间倡导互助合作的精神，鼓励和指导教师与学生互相尊重，互相爱护，培养起学业上互相切磋，生活上互相关心，思想上互相帮助，工作上互相配合的良好风气。要正确处理竞争和合作的关系，既要利用好竞争的激励作用，又要设法避免竞争可能带来的不良影响。尤其是在逐步实现从“应试教育”向“素质教育”转轨的今天，学校更要注意正确对待考试成绩，不能把考试成绩作为衡量教师和学生的唯一标尺，更不能把它当作“制服”学生的有力武器；学校和教师要指导学生以各种方式关心家庭生活、学校学习、社会适应等方面有困难的学生，使这些学生能够在老师和同学的帮助下，早日迈进新生活的大门。

（本文获全国心理健康教育论文二等奖）

2004年11月4日

教育是一种激励和点燃

2015年12月，在华东师范大学为期两周的名师高端培训班，我聆听了专家教授们博大精深的教育理论和教改理念，细细琢磨，从中发现了一个聚焦点：激励和点燃！

一、聚焦大师

王斌华教授说：“每一个孩子都有成功的愿望，每一个孩子都有成功的可能。”我们的教育就是要通过合适、合理的评价，让学生面对考试“量力而行，逐渐进步”，让学生在积极的发展性评价中获得信心，并愿意继续为之付出更多的努力。

陶行知先生说过：“你的教鞭下有瓦特，你的冷眼里有牛顿，你的讥笑里有爱迪生。”

——积极评价，点燃积极的情感

刘竑波博士说“每个人的优势智能是不一样的”，所以不要只通过与成绩有关的智能去评价每一个学生，要努力去发掘每一个学生的优势智能，并让其发挥和展示出来，要允许差异的存在，并接受这个事实，尊重差异就是尊重每一个学生，今天的一个宽容、一个迁就，说不定就成就了一个另类的人才。刘教授的《多元期待，多维评价》，讲到霍华德·加德纳的“多元智能”理论。“多元智能”理论要求我们的教育让受教育者越学越快乐，呼唤我们的教育要因人而异，要求我们的教育多元化：“自信是一朵会开的花，让每个孩子都有自信的领域。”

——多元期待，点燃自信的花朵

我很喜欢单中惠教授的《在世界范围内寻觅现代教育智慧》。相对于中国教育中的“不要输在起跑线上”，西方教育中的“不要输在终点线上”，更体现了一种智慧！

现代心理学研究表明，一个人的成功，20%依赖于智力因素，其余80%都依赖于非智力因素——情商。

具有高情商的人，能及时摆脱焦虑、愤怒、抑郁、悲痛等不良情绪，保持冷静、乐观、热情、开朗等积极的心态；能够随时激励自我，忍受挫折，不畏艰难；具有较强的人际交往能力，得到他人协作与支持。这样的人才是人生路上的强者。

——在世界范围内寻觅现代教育智慧，点燃强者的人生

有人说，最持久有效的教育是教会孩子自我激励！

“为每一只丑小鸭创造成功的机会！”这是长春一汽中学校长的教育理念，我想，这也应该是我们所有教育工作者的奋斗目标。

所以，任何理念的教育改革，归根结底，就是要尊重和悦纳每一个生命个体，善于激励和点燃每一个学生的闪光点，尽可能地为学生提供多元化个性发展的平台，引导学生找到最好的自己。

二、如何点燃

作为教育工作者，我们如何去激励和点燃？

王斌华教授给我们讲了他在英国观察小学生进行土豆实验的例子：一个小组的学生，通过观察两个土豆（一个被削去皮、一个没有削皮），被阳光照射以后外观上的变化，总结出土豆皮具有防腐和防止水分流失的作用！这是一个颇有科学价值的实验！

在中国，评价的结果，小组得A这是没有异议的，但小组各成员的成绩，

却因为分工不同（有人观察、有人记录、有人解说），活跃程度不同，往往要分出个优良中差。这种评价方式看似很客观，但不仅不会点燃大多数得优以下成员在团队中积极活动的热情，而且可能浇灭：反正就是那些活跃分子的事，与我何干？下次有类似的活动，做不做都无所谓了。

在英国，评价得分是以小组的形式获得。小组的每一位成员都可以得到A的成绩！王斌华教授说“团队的A，就是学生个人的A”，因为整个过程以小组合作的形式完成，团队中每个成员的贡献虽然程度不同，但是成果也是因为成员的不同分工而形成的。这就是国外进行创新能力评价的方法，点燃的是每一个组员的团队精神！

再看一个简单的写作例子：

“在我的后园，可以看见墙外有两株树，一株是枣树，还有一株，也是枣树”，这是鲁迅当时孤独心情的写照。

“从门到窗子是七步，从窗子到门是七步”，这是伏契克对牢房单调乏味生活的描述。

“战宏宇这个名字听上去很像是一个男孩子，我也一直都以为他是一个男孩子。直到通过他的班主任确认以后，我才知道他真的是一个男孩子。”这就是聪明的语文老师，对语言技巧运用的点燃！

再到我们的课堂：

哈佛大学一位著名教授在课堂上给学生讲述营销学的概念。为了使之浅显易懂，这位教授引用了生活中的事例加以说明。

在一次聚会上，你看见一位漂亮女孩，你走上前去，对她说：“我很有钱，嫁给我吧！”这叫直接营销。

你与一群朋友在一次聚会上看见一位漂亮女孩，你的一位朋友走到她面前指着你说：“他很有钱，嫁给他吧！”这叫广告营销。

你在一次聚会上看见一位漂亮女孩，你走上前去，索取了她的电话号码，第二天，你给她打电话：“嗨，我很有钱，嫁给我吧！”这叫电话营销。

你在一次聚会上看见一位漂亮女孩，你站起身来，整了整领带，走到她面前，亲自给她倒上饮料；她要离开时，你为她打开车门；当她的包不慎坠落时，你帮她捡起来，然后开车送她一程，这时候，你借机说道：“对了，我很有钱，你愿意嫁给我吗？”这叫公关。

这位哈佛大学的教授把那些枯燥的概念趣化成一个个动人的小故事，这就是思维的点燃！

如今，有一种被称为“知识的超市，生命的狂欢”的高效课堂：超市意味着从差异出发，从选择出发，它是符合人性的。课堂即生命，因为课堂承载着生命的成长，我们必须让学生在课堂上有尊严地学习。怎样才有尊严？只有让学生快乐并获得自信才有尊严。如果我们的学生在课堂上不快乐，不能获得自信，这样的课堂是没有存在的价值的，它无异于在扼杀生命的活力，因此，教育要做到“激励、点燃和唤醒”。人只有历经完整的学习、完整的成长，才能自主，即成为自己的主人。

学习方式的转变，促成了教师角色的转变，即由知识的传授者、代言人转变为促进学生学习的辅导者、助学者和引导者，这种角色的转变，给教师带来了全新的挑战！课堂改革必然关注的是人，是人性，是人的生命。教育学即人学。当教师有了这样的高度，首先便会拥有幸福，而教师有了幸福，才能给予学生幸福。

教育正悄然发生一场革命，所以，我们要把单一的课堂变成互动的课堂，把一个声音变成多种声音的争鸣。让发言的学生有一种智慧提升的愉悦和被重视的满足感，从而在这种有细节、有层次、有高度的评价中获得积极的情感体验，树立足够的信心并拥有继续努力的愿望。

梦在前方，我在路上！静下心来教书，潜下心来育人，相信，每一朵花都有绽放的理由，我们唯一能做的就是：激励和点燃！

（本文入选《华东师大名师高端班论文集》）

2015年12月

换个角度夸孩子

“聪明孩子都是夸出来的。”的确如此，大人都喜欢听好话，何况孩子呢？

著名的特级教师王兰说：“不是聪明的孩子常受表扬，而是表扬会使孩子更聪明。”运用好表扬的艺术，在班集体中为学生树立一个个鲜活的榜样，对学生的成长有着巨大的启迪作用。

一、做一个美的发现者

教师要在细微之处见真谛，善于在平凡中找出不平凡。我在周记中发现一个学生喜欢写诗，便在评语中这样写道：“你富有诗人气质，我愿做你的第一位读者。”谁知，这名学生一发不可收拾，每次周记都有一段自己创作的小诗，而且写得像模像样。一次赞扬，激励他看完了裴多菲、泰戈尔等诸多名家的诗作。

二、挖掘不明显的优点加以赞扬

爱因斯坦曾说过，别人赞美他思维能力强，有创新精神，他一点都不激动，他作为大科学家听这类话听腻了，但如果谁赞扬他小提琴拉得很棒，他一定会兴高采烈。因此，赞扬不要总是停留在学生习以为常的优点上，去挖掘学生身上一些鲜为人知的优点，表现出教师的独特眼光，让学生得到一些新的肯定，效果反而更好。例如，有个学生学习成绩并不好，但走到哪里她都有认识的人，并且主动跟人打招呼，于是我赞扬她人缘好，很懂礼貌，她为此兴奋不已。

三、最少期望时赞扬学生

最少期望时赞扬学生，不但容易让学生领受你的赞扬，还会让学生内心产生压力：没做好，还被老师赞扬，真不好意思。这种压力会激发学生更加努力。

四、赞扬行动和品性而非本人

赞扬学生，怎样才能做到既有效力，又不使学生产生骄傲自满的情绪呢？这就要赞扬学生所做的事和学生的品性而不要扩大到他这个人。学生经过努力，成绩提高了，就该赞扬学生经过努力而使成绩提高这件事，让学生知道受赞扬的真正原因，他就会继续努力。而赞扬学生聪明，就可能导致他产生沾沾自喜、骄傲自满的情绪。

五、微笑是一种不着痕迹的赞扬

微笑能给学生带来亲切感。灿烂的笑容，可能赢得学生的爱戴，且常成为学生笔下描绘的素材，对学生产生持久的影响。当你想激发学生的斗志，当你想与学生进行情感交流时，不妨轻展笑容，这会胜过千言万语。作为教师，在教育学生时，千万不要吝啬你的微笑。

六、背后表扬法

不直接对本人进行表扬，而是在与其他学生交谈时，热情赞扬某学生的长处，让听者自发地转告给受表扬的学生，这样，受表扬的学生听后，会深深感受到自己在老师心目中的分量，从而更加自觉地发扬自己的长处。

七、登榜表彰法

我在教学中坚持“我选择，我承担”常规评比制度。每月终结时，班上评出“文明十佳”“优秀干部”“纪律进步者”，然后大力表彰。苏联教育家苏霍姆林斯基在谈教育技巧时说：“教育者与自己对象的每次接触，归根到底是为了激励对方的内心活动。”在班集体活动中，教师要特别注意运用好表扬多层性、多面性的特点，让榜样的形象变得丰满，使每一次表扬都有效地“激励”每一个学生的“内心活动”，充分发挥表扬的强大功效。

陶行知说过：“像屋檐水一样，一点一滴，滴穿阶前石。点滴的创造故不如整体的创造，但不要轻视点滴的创造而不为，呆望着大创造从天而降。”阳光属于每一个孩子。从教育心理学上讲，调动学生积极性不仅取决于教师的责任心和教育能力，而且取决于教师的真诚及其对学生的热爱。换个角度夸孩子，你会收获得更多。

2015年9月

班会课，搭起心灵的圣坛

——“我与班会”的导入语和总结语摘要

这么多年的班主任工作，记不清开了多少次班会了，但我可以肯定地说，我一如既往地特别重视班会课的育人作用，每周班会都有明确的主题，这对班级管理和学生素质的提高，起到了很好的促进作用。

仅“让优秀成为习惯”系列班会，我就开了不知多少次，班会主题包括“细节决定成败”“责任重于泰山”“做情绪的主人”“和网络游戏说再见”“修剪自己”“走向完美”等，发现一个问题开一次主题班会，这对培养学生的自制力及加强行为规范教育，起到了良好的示范作用。

“雄关漫道真如铁，而今迈步从头越”“我能行”“让你的承诺站起来”“赢在执着”等主题班会，对激发学生学习热情，树立自信心，培养学生人格品质、人文素养，起到了良好的熏陶作用。

下面我摘录部分“我与班会”的导入语和总结语，做一次梳理总结。

精心导航入佳境——“我与班会”的导入语

日月轮回、沧海桑田，万物生灵在感恩的情怀中演绎着生命的轮回和春夏更替，是懂得感恩的心让大自然越发美丽和神秘，越发和谐和永恒。雨水对阳光的感恩，折射出了彩虹；翅膀对蓝天的感恩，诠释了飞翔。走过岁月，走过沧桑，我们一直拥有一份淡然的心境。面对生活，我们始终怀有一颗感恩的心。感恩父母，给了我们生命；感恩老师，教了我们知识；感恩朋友，给了我们帮助……让感恩走进我们的心灵。

——主题班会“让感恩走进心灵”导入语

很多理想在追求前是个梦，在追求过程中是篇诗，在追求后则是一首老歌。追求的过程是最美丽、最浪漫的季节。只要在追求，梦想就不会失落；只要在奔走，路就不会荒芜；只要在爱着，心中就会永远充满温暖。我选择，我承担！

——主题班会“我选择，我承担”导入语

你爱大自然的时候，也就爱了自己，因为你是大自然中的一片叶；你爱着一切，一切也会和你热情相拥。把爱大声地说出来……

——主题班会“把爱大声说出来”导入语

没有嫣然绽放的花蕾，就没有四季宜人的温馨；没有潺潺流动的微笑，就没有漫漫人生的洒脱。给生命一个笑脸，当狂风袭卷海岸，摧毁了房屋和农田，吹不走的是人们求生的信念；当暴雨肆虐港湾，冲垮了堤坝和建筑，冲不散的是人们坚强的微笑！我们虽然哭着来到世上，但应该用微笑面对人生，给生命一个坚强、勇敢、自信的笑脸，创造一个独一无二的精彩人生。

——主题班会“给生命一个笑脸”导入语

两亿多的精子中只有你成功了——当年你是上亿中最杰出的一个，不是每八个受精卵中胎死腹中的那个。

你逃过了生命中的重大劫难——不是每二十五个中先天残疾的那个。

你经受住了病毒、辐射等考验——不是遇到如难产、急产、窒息等出生困难的十五分之一中的那个。

你顺利降生了——不是每四十个中5岁前就夭折的那个。

你胜利度过了生命磨合期——你的父母很爱你，你是父母的骄傲，不是被遗弃的那个……我们没有理由不敬畏生命，珍爱生命！

——主题班会“珍爱生命，远离毒品”导入语也许，你昨日曾拥有辉煌，但那已成为枕边一段甜蜜的回味；也许，你昨日曾遭受挫折，但那已成为腮边几滴苦涩的泪痕。忘记以前的成功与失败，我们只需要把经验和教训铭刻于心。

——中考动员班会“雄关漫道真如铁，而今迈步从头越”导入语

精彩点评留余响——“我与班会”的总结语

如果今天是张“弓”，那么你就是弦上待发的箭，你只要抓紧时间，就可以把弓拉满。当你开始追求的时候，也就是你直奔明天的靶心的时候；当你梦想成真的时刻，就是你触摸到生命价值的时刻。不待扬鞭自奋蹄，让我们……

——主题班会“不待扬鞭自奋蹄”结束语

人生离不开拼搏，就像我们不能拒绝成长一样。同学们，请珍惜每一个晴朗的早晨，用生命中最浓的激情、最美的期待迎接日出，琅琅书声是我们献给太阳的礼赞，晶莹汗珠是我们迎接日出的眼睛，那灿烂的朝阳预示着我们的壮丽人生！

——中考鼓劲主题班会“人生能得几回搏”结束语

只要有信心，有热情，一切皆有可能！只要扎扎实实，奋起直追，一切皆有可能；只要齐心协力，同舟共济，严抓共管，一切皆有可能！只要扬长避短，均衡发展，一切皆有可能！让我们发挥自己的潜能，全力以赴，奋力一搏，一切皆有可能！

——中考动员主题班会“一切皆有可能”结束语

泰勒牧师讲的“猎狗和兔子”的故事、比尔·盖茨的成功背后的故事，对人很有启示：每个人都有极大的潜能。正如心理学家所指出的，一般人的潜能只开发了2%~8%，像爱因斯坦那样伟大的科学家，也只开发了12%左右。一个人如果开发了50%的潜能，就可以背诵400本教科书，可以学完十几所大学的课程，还可以掌握二十多种不同国家的语言。也就是说，我们还有90%的潜能

处于沉睡状态。谁要想创造奇迹，仅仅做到尽力而为还不够，必须竭尽全力才行。

——中考鼓劲主题班会“竭尽全力”总结语

生命如花。是花，就要让自己开得更艳。风华正茂的青少年，正如盛开的鲜花，有着张扬的青春、悦目的色彩、醉人的芬芳！

生命如花。是花，就要经得起风吹雨打。我们的人生道路荆棘丛生，困难重重。所以，我们要经得起考验，笑对人生，做生命的强者。

——主题班会“做生命的强者”结束语

面对挫折，我们无须害怕，更无须逃避、退让，而应该勇敢面对。

增强自信、蔑视挫折，知道挫折的双重性，从战略上蔑视它，从战术上重视它；升华目标，淡化挫折，树立远大的志向，胸怀大志，不会为小的困难羁绊；自我疏导，请求帮助，多与家长、老师、同学谈心，及时化解不良情绪，做情绪的主人！

——主题班会“做情绪的主人”总结语

总之，通过一系列的主题班会，旨在让学生懂得，人生要焕发出活力，是需要在心灵上搭起圣坛的，这圣坛就是理想，就是毅力，就是追求，就是珍爱！

2012年10月

亮在需要的地方

初三（5）班在级长齐老师的亲自督促和任课教师的辛勤努力下，班风学风呈良性发展趋势。我要讲的是我作为班主任的三个做法和两点体会。

一、晚修前，树起一道风景

进入初三，学生的课业负担明显加重，学习主动性也大大提高，几乎每天下午6点10分左右就基本到齐，在班上刻苦学习。作为班主任，我就以晚修前这半个小时左右的时间为突破口，每天赶在晚自习前20分钟左右来到班上陪着他们，算是对他们勤奋学习的一点精神鼓励，也是对个别不自觉学生的督促。所以这半个小时，班上安安静静，学习气氛浓厚，与周围的环境相比，形成一道独特的风景。

二、班会课，搭起心灵的圣坛

本学期，我更加注重班会课的育人作用，每周班会都有一个明确的主题，对班级管理起到了很好的促进作用。

“修剪自己，走向完美”等主题班会，对培养学生的综合素质并加强行为规范教育起到了良好的作用。我要让他们懂得，人要有意义地活着，是需要在心灵上搭起圣坛的。

三、好雨知春来润花

爱心无价，爱心无语。晓畅同学眼睛受伤，我从家里带来一碗热汤；晓擎同学走读后晚饭没有规律，有时甚至不吃，我也几次从家里带来一份面条或稀饭；给生病的学生送上几片药，给粗心的女学生备上几片不时之需……这对于我们教师来说太容易了，可是对于离家求学的学生来说，却是莫大的关怀，不亚于和风细雨滋润着他们的心田，他们对教师怀有感激之情，自然会为班级争光。正所谓“随风潜入夜，润物细无声”。班级能在常规考核中获校第一，成绩列同年级平行班第一，我应该感激学生们。

四、为人师表慎言行

我们说和风细雨滋润着心灵，狂风暴雨也会摧残了花朵。有两次深刻的教训，至今令我内心不安。

晓南同学是我班的挂读生，本学期在宿舍几次违纪，还顶撞生活教师，更有甚者，不请假就回家，她的父母又不在本地，我晚上10点多钟还在打电话到处找她，可是第二天一大早，却见她没事似的，有说有笑，我就气不打一处来，狠骂一句："给我回去吧，反正是挂读，不要老影响班级。"后来我很后悔，为了给她挽回面子，我在班会课主动做检讨，并向她赔礼道歉。

还有一次，两个成绩不太好的学生一边拿着饮料和热狗往楼上走，一边高兴地叫我，我当时正因学生吃零食被扣分而生气，就说了一句："晚饭不吃就吃这？怪不得越吃成绩越差。"周末，我分别打过电话到她们家里，特意关心她们，并强调老师也是为你好一类的话，她们都说知道，我也坦然了。但后来我从其他教师那里得知，她们说过，很自卑，老师太严，伤了她们的自尊，我真的感到很内疚。我知道，"良言一句三冬暖，恶语伤人六月寒。"作为一名教师，言行一定要慎重、得体，不能也不允许个人情绪化。

总之，既然你选择了一片白云，就亮在湛蓝的天空上；既然生活让你成了一支烛光，你就亮在需要你的某一处，亮在孩子们的眼睛里。

（本文获校论文一等奖）

2002年1月

奏响生命的强音

领导的莫大信任，让我感到责任重于泰山；师生的辛勤耕耘，让我感到责任重于泰山；班级建设的常规与特色双管齐下，让我感到责任重于泰山。没有理由不摇旗呐喊，没有理由不奋力拼搏，奏响生命的强音。

一、一批品学兼优的骄子

这次期中考试，二班第一次包揽年级前二十四名、独领风骚，这让我感到欣慰，因为分班时的遗留问题，一班的晓冰、三班的晓苑等几个优等生，多次在前十名中，与二班的晓骏等人形成竞争态势，造成较大的压力。这次考试从

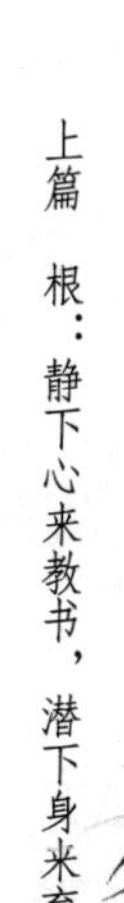

某种程度上证明了这些学生的真正实力还是不错的。特别是数学平均分95.1，英语平均分92.7，物理平均分88.4的好成绩，终于让人看到了二班的“超常”水平。这次进步最大，一跃而起的晓逸高出四连冠晓骏10分，夺得第一更是令人惊喜。前十名中晓颖、晓婧、晓斌、晓萱、晓锋、晓恬、晓迪、晓萍等同学，都是非常踏实刻苦、各科成绩较为均衡的领头羊，进步非常大的晓珍、晓玮、晓飞、晓源等同学也都很有潜力，可以说，这群品学兼优的学生是二班最大的财富和骄傲。

二、一支德才兼备的教师队伍

如果说敬业爱岗是教师的责任，那么才艺双全则是教师的最高境界。二班的进步归功于王潼军、李瑛、杨斌等德才兼备的好老师。

“超人”王潼军：一个让学生崇拜的好教师，他是学生学习的最大动力。二班没有一个学生敢不重视数学的，正是这种对教师又敬又畏又崇拜的感情使二班的数学成绩遥遥领先，达到平均分95.1的好成绩。

李瑛：李瑛老师的勤勉，令人佩服，她每天早读前急急忙忙赶到教室的身影，每天放学后匆匆给学生讲题的干劲，已经让二班形成了热烈的英语学习氛围，还有她每周两三次的考试，更是让学生不得不高度重视，特别是许元飞、陈豪斌等原英语学科较弱的学生，英语成绩也是直线上升。难能可贵的是二班英语成绩超过92分，这是一次质的飞跃。

杨斌：最让人感动的是，只要一有自习课，杨老师就抢着上。学生体检冲掉了他一节课，他会气得大骂，让我补还他两节课。这样的吃苦耐劳，这样视课堂为神圣的教师真的不多，学生物理兴趣的提高和成绩的提升，与杨老师的这种敬业精神息息相关。

此外，还有深受学生喜欢的杨云林、陈焘、黄静、刘雪杏等老师对二班也有不少鼓励和帮助。有这么多德才兼备的教师，是二班的福气，也是二班进步的原动力。

三、一个必须高度警觉的问题

从“木桶”理论的原则看，学生的均衡发展才是立于不败之地、奏响生命强音的保证。

本班存在的问题：

（1）晓旭、晓正、晓单等同学语文学科偏弱。

（2）豪斌、晓韬、迪恒、晓婧等同学英语学科偏弱。

（3）晓倩、晓嘉、慧晶、丹苗等同学数学学科偏弱。

（4）晓婧、东桦、诗琪等同学物理学科偏弱。

这都是该高度警觉的问题。因为这些学生都很聪明，很有潜力，不能因一科而影响全局。所以，严抓共管、促进学生均衡发展是下一阶段教学工作中的重点。

希望得到各位教师更多的协助，大家齐心协力，共同奏响生命的最强音。

（在全校大会上的发言）

2004年5月8日

同伴结友，阳光成长

我班的同伴结友活动，虽然谈不上如火如荼，但也算是静水流深，水到渠成，拾几枚浪花，来折射心底的阳光。

“一帮一”，大家好才是真的好

期末考试结束了，隆隆的家长打电话请求我把齐雪家里的电话号码给她，说一定要请齐雪吃麦当劳。她说，她的儿子语文考了91分，真的很感谢齐雪。她有一次发现儿子正在做的语文作业，不是老师统一布置的，而是齐雪手写的，她的儿子和齐雪结成“语文一帮一”学习对子后，语文学习成绩大有长进，真的不错。

本着转化一个后进生与培养一个优等生同样重要、同样光荣、同样有价值的教育理念，这种"一帮一"学习小组的办法，我已实行多年了，这给我班主任的工作带来了不小的收获。

具体的操作办法是：语文、数学、英语、历史、科学五门主课，分别由成绩最好的学生和成绩最差的学生结成"一帮一"学习对子，教师发本子给被帮的学生，由学习对子中成绩优秀的学生每天给被帮的学生出题，并面批面改，及时督促辅导。

每周由课代表把"一帮一"的本子收齐、检查，班会课进行总结表彰。

这样每门学科一般组成五个对子，全班就有20多个了，对班级整体成绩的提高很有成效。以至于后来有不少学习中等甚至不错的同学，都来向我申请：希望××帮助他学数学，××帮助她学语文，或者两个人互帮，你帮我理科，我帮你文科，以达到取长补短、齐头并进的效果。

你的困惑，我来分担！

班里的晓琪同学，由于成绩比较落后，课堂上的知识接受困难较大，时有作业缺交的现象，加上父母关系有点紧张，家里气氛不好，在班里有点自卑，一下课就跑别的班找一些年级问题生玩耍，成了我最担心的对象。

在班级同伴结友活动开展后，我让成绩好又很有人缘的馨月同学和她同伴结友，并私下请馨月同学多和她沟通，尽量走进她的心里，让她在班级有自己的朋友，就不会去找年级问题生玩了。在善解人意的馨月同学的帮助下，晓琪的笑容明显多了，作业也能按时完成了。我看到她的周记里写道："友情是一把铁链，它可以锁住彼此的心灵；友情是一座桥梁，它可以沟通彼此的内心世界。迷茫的时候，朋友像一支点燃的蜡烛，为我照亮前方的路；孤独的时候，朋友像一泓清泉，化作及时雨，滋润我久旱的心。有你真好，我的朋友！让我们一起手拉手、肩靠肩，迈着大步往前走。"

小钰是一个很有个性、很注重兴趣的学生，周末的时间参加的培训班挤得满满的，有绘画、舞蹈、钢琴、网球、外交口语、邦德数学等，这使她有时连周末作业都难以完成。听她的妈妈讲，这个培训班上完课接着送那个培训班，午餐都是将就。这又是何苦呢？而且现在的培训班收费高得惊人，她父母都是公务员，这笔培训费也是不小的开支，想让她舍去哪一门她都不肯。随着学习任务的加重，她的数学、科学学习开始有些吃力，她又要求请数学、科学家教，时间上真是难以安排过来。

她的妈妈打电话请我帮她想办法。我想小钰其实很聪明，而且绘画、钢琴等从小学到现在，叫她放弃她肯定不答应，我们也帮不上忙。而数学、科学还是可以想办法的。于是我让班里理科成绩非常好的俊佑和她同伴结友，叫俊佑帮助她学数学、科学，而她的语文、英语优势正好可以帮助文科相对薄弱的俊佑，这样就可以取长补短，把当天学过的知识及时消化巩固，也可以省去请家教的人力物力了。期末考试小钰的科学考了89分，她和妈妈都轻松地舒了口气。

这个学期刚开学小钰的妈妈又打来电话，请我继续让她的孩子和俊佑同伴结友，说："这种方式真的很好，很感谢！"

同伴结友，让寒假生活多姿多彩

寒假之前，我根据自由组合的原则，把班里的学生分成8个同伴结友小组，要求他们在假期至少组织一次集体活动。

从他们假期反馈的短信中我了解到，他们有的组到了万象城溜冰看电影，有的组到了东湖公园运动、烧烤，有的组到了书城阅读、做义工，有的组聚到同学家里学习交流，有的组到了小区参加球赛，有的组相约去登山，真是丰富多彩。

晓韬的爸爸是一名律师，能言善辩，但他告诉我他最担心的是孩子自闭，因为晓韬在家很少说话，鼓励也好批评也罢，他都"宠辱不惊"，喜欢漫画、电脑，有时赶他出去他都不愿意。他甚至宁愿孩子调皮呢。寒假才过几天，晓韬的妈妈急得给我打电话：我看到报道说罗外同伴结友的活动开始了，我的儿子咋还没动静呢？我通过电话了解到，晓韬这个组的组长因为打球手受伤了，他们组的活动推迟了，但晓韬没和她沟通，她便担心儿子没"结"上"友"。看到家长如此重视，我便联系其他组的组长，让晓韬先参加其他组的活动，这样晓韬就参加了两个同伴结友小组的活动。晓韬的妈妈看到他出去参加结友活动，比看到他考第一名还高兴。用她的话，最担心孩子假期蜗居在家，同伴结友活动让孩子的假期变得多姿多彩，真的很开心。

学生们在寒假作文中也表达了他们对这次同伴结友活动的美好心声：

“青春需要我们同伴结友，友情像阳光一样明亮，同伴结友让我们享受阳光的沐浴。”“在独生子女的世界里，同学无异于兄弟姐妹，而班级也成为一个温暖的大家庭。这个寒假，我们积极组织学校安排的同伴结友集体活动。我们共同去书城做义工，在忙碌中我们依然有说有笑，我们谈作业、谈寒假、谈NBA。不知不觉，时间便从身边溜走……这次同伴结友活动成了我们寒假生活中最闪亮的一笔……”

同伴结友，让孤单的独生子女，与友情做伴，与快乐做伴，一起阳光成长！

2009年10月

能“语”会“文”

——我的语文目标具体定位

语文目标是教学的方向和灵魂，是决定教学内容、教学过程、教学方法、教学评价、教学效果，影响教学全局的根本问题，必须体现新时代的要求，必须突出创新精神和实践能力。

语文目标可以从两个维度来考察：一是终极目标，二是具体目标。终极目标就是培养学生具有创新精神的完善人格，这是语文教师必须坚持的理念。新的《语文课程标准》提出，语文课程要“使学生逐步形成良好的个性和健全的人格”。这就是语文教学的终极目标，只有人格完善，才是统一人的各种素质和能力的本质价值。坚持终极目标是完全必要的，而且应把它置于语文教育目标体系的最高层。具体目标是结合语文教育的性质、特征而设置的目标，是可以实现的近期目标。新的《语文课程标准》提出：“语文课程应致力于学生语文素养的形成与发展。”根据这一点，我对语文的具体目标定位为：培养语文素养，使学生能“语”会“文”。

20世纪50年代，主编语文教材的叶圣陶先生说：“‘语’就是口头语，‘文’就是书面语言。”那么语文教学的目标就是提高学生的语言表达能力，把学生培养成会说话的人。同时，提高学生书面语言的运用能力，把学生培养成能写作的人，达到“语文”二字的有机统一，能“语”会“文”。

能“语”——培养会说话的人

语文教学就是通过对前人语言的学习，自己学会语言，学会对话，学会与人沟通。在与言语的亲近中，亲近自然、亲近生命、亲近世界、亲近人自身。

通过对话，优秀的言语作品将内化为学生的语文素质，形成我们对世界的向往，对未知世界的强烈好奇心，对人道、人性、人情的自觉的关注。这就要求教师通过与学生的对话，激励并促成学生与课文作者的对话，与自己的对话。

整个语言大厦是建立在口语基础上的，幼年感知言语的经验，使得选择声音通道走入文本世界成为最符合语言本质和主体感知天性的方式。诵读不仅是语文学习对话实现的最佳途径，同时也是语文学习的本体。学习诵读是学习者用自己的声音不断“读进去”，而学会诵读是学习者能用自己的声音“读出来”。

能“语”教学目标的出发点与归结点都落在一个“人”字上，是以人的身心发展的需要出发，而又回归到人的生命本体与生活世界本身的活动过程。因此，它为学生精神世界的健全丰富与自由充实的发展，提供了极大的可能，利于培养学生表达、交流、沟通的能力，增强自信心，使学生学会运用人际交往技巧，解决在社会生活中遇到的实际交际问题，成为一个会说话的人。

会“文”——培养能写作的人

中学作文教学是一个沉重的话题。它的沉重在于：中学生作文的“贫血”“缺氧”，部分已蜕变成“新八股文”，“新概念作文”及某些打着其他旗号的作文竞赛似已走入泥淖，其负面影响是对中学生产生了误导。中学生虽有写好作文的愿望，但由于生活圈子太小，生活内容单调，生活之源近乎枯竭，沉浸于数理化公式试题之中的大脑，怎能产生写作的冲动与灵感?

新的《语文课程标准》理念强调要关注人文素养，而人文素养的培养必然推动作文教学的改革。它要求在作文教学中将“人”和“文”统一起来，为做人而作文，以做人促作文，使作文真正成为培养和提高学生素质的有效途径。作文是一种书面表情达意，是一种情感的宣泄，有鲜明的目的性和个性。北京大学中文系教授、博士生导师曹文轩曾多次指出，每个人都应“能写一手好文章，它是一种有教养的标志，一种人生的优雅之举，一种做人应有的风范”。叶圣陶先生早在1978年就说过：“以前读书人学作文，最主要的目标在考试。但是，我以为现在学生不宜存只为考试而作文的想头”。南宋大诗人陆游也曾说“汝果欲学诗，工夫在诗外”。我认为，抓作文教学，首先，要让学生懂得做人与作文的关系。其次，教师要引导学生热爱生活，关注社会，注重积累，不断丰富自己的生活感受和人生体验。张志公先生有一句话给我留下极深的印象："贫乏，是语文能力的致命伤。"是的，一个贫乏的脑袋只能有一个贫乏、苍白、无力的表达。抓积累要抓生活的积累、情感的积累、词语的积累。最后，教师要抓练笔，放飞学生的心灵。

总之，中学生作文教学设计应以人为本，人文共进，把作文能力的培养融入到做人的生存、享受和发展等生命需求之中，融入到知、情、意、行的成长之中，使学生成为一个愿意写作的人，会写作的人。

一个能"语"会"文"的人，也将是一个"有健康个性，健全人格，较高人文素养的人"。这便是我的语文具体目标定位的根本，也是实现语文终极目标的保证。

（本文在《中学语文教学》发表）

2003年12月

将阅读进行到底

我们很多教师能够把一篇课文用上三四节课来讲解，就是舍不得拿出哪怕一节课来给学生自主阅读，特别是毕业班，有些教师好像觉得阅读课外书就是浪费时间，宁可学生把大量时间花在做题讲题技巧训练上，也不愿意学生把时间花在真正受益的阅读上，这其实是违背语文学习规律的，为此，我坚持我的一贯语文教学理念——将阅读进行到底！我多年的语文教学所取得的优异成绩证明这一做法的有效性和可操作性，今年我又带的是毕业班，我还是一如既往地坚持我的有效阅读——将阅读进行到底！

苏联教育家赞可夫曾说过："教学法一旦触及学生的情绪和意志领域，触及学生的精神需要，便能发挥其高度有效的作用。"苏霍姆林斯基指出，如果教师不想方设法使学生产生情绪高昂和智力振奋的内心状态，就急于传授知识是行不通的，因为不动情感的脑力劳动会带来疲倦。

阅读是收集处理信息、认识世界、发展思维、获得审美体验的重要途径。阅读教学的重点是培养学生具有感受、理解、欣赏和评价的综合能力。这种综合能力的培养，如果仅仅依靠现有教材是无法完成的，因此我们要从教材外部寻找材料进行教学。我的做法是让学生自主寻找材料，师生共同探究、学习和品味，简要概括为：课外阅读多储备，朗诵评点谈感受，简要概括明中心，深入分析再提高。

一、寻找一本对自己一生有用的书

陶行知先生曾明确指出：教学有效的最好条件是民主。只有民主和谐的环境，才能使学生的思维最大限度地活跃起来，才能使学生积极主动地参与教学。

文学能使人认识自我，寻找一本对自己一生有用的书，让学生在阅读中真正受益终生。在这个过程中，学生可根据自己的阅读兴趣，选择一些相关课外文学读物进行阅读积累，在感动人的原因、写作方法、艺术风格、蕴含哲理等方面写下自己的看法。教师在这个过程中可推荐新课程标准推荐的一些读物。

毛泽东认为《红楼梦》是中国封建社会百科全书，要读5遍才有发言权，他的文章大气磅礴，与此不无关系。

三毛把贾平凹的《天狗》看了12遍，一个追求浪漫爱情的女子，耿耿于怀的其实是天狗这样质朴的最忠贞的情结。

从实际来看，很多人的阅读都有点流于时尚，没有找到一本真正对自己一生有用的书。为避免这一点，我们要关注那些个性突出、不随波逐流又具有重要影响的优秀作家作品。例如，那些积极探讨人生哲理的作品，像史铁生的《我与地坛》、铁凝的《永远有多远》等，因为对于人生观正在形成的中学生来说，更需要正面的、积极的影响，尤其是与一般性的说教区别开来的积极影响。

那些具有深厚古典文化底蕴的作品，像汪曾祺的《受戒》、贾平凹的《商州初录》、阿城的《棋王》和李弘的《春江花月夜》等，因现在的中学生对古典文化已经相当陌生了，而如何从当代生活中发现古典文化底蕴，直接关系到人文素养的建构。

那些具有地域文化气息的作品，像迟子建的《亲亲土豆》、毕飞宇的《玉米》这样的新乡土小说，可由此培养学生的地域文化意识。地域文化永远是文学的富矿，可以常写常新，想想张爱玲、王安忆、朱文颖笔下的上海，老舍、邓友梅、王朔笔下的北京，就可以体会出这一点来。

将上述几个方面综合到一起，既有助于开阔学生的视野，又有助于培养学生的个性，而个性，不正是创新的源泉么？

二、提倡个性化阅读

个性化阅读，是指读者根据自己的人生阅历和独特体验，把握文本所反映的客观意义，并有创造、有个性地解读其丰富内涵的阅读活动。

鲁迅曾说，单是一部《红楼梦》，经学家看到易，道学家看到淫，才子看到缠绵，革命家看到排满，流言家看到宫闱秘事。

从读者的角度看，读者个性不同，民族文化背景不同，对文本的解读也不尽相同。常言说，一千个读者有一千个哈姆莱特。但培养个性化阅读，仍需注意以下几方面：

首先，要重视文本的客观意义。阿Q毕竟是阿Q，尽管他参加了革命，也不能算是民主主义战士；哈姆莱特毕竟是哈姆莱特，尽管他有复仇的怒火在胸中燃烧，也不是金庸笔下的郭大侠。

其次，要重视文本的丰富性。有的作品因为内涵的丰富，不止一个主题；有的作品写作风格含蓄，致使读者的理解多元；有的作品因为时代不同，可以产生新的解读。例如，《祝福》不仅可以理解为是揭示旧中国妇女的悲惨命运的，而且可以理解为是抨击封建礼教的，还可以理解为是揭示国民麻木的灵魂。

最后，要重视文本的特殊性。

教师承担着“传道、受业、解惑”的传统责任，个性化阅读为我们指导学生形成正确的世界观、人生观、价值观，提供了一个平台。

三、朗读分享出奇效

朗读分享自己的阅读精髓，由小组推荐精品片段，课上有感情朗读评比，师生评点畅谈感受。

阅读能力主要不是通过耳听、欣赏他人的学习活动获得的。能力的缺失，只有通过学生全身心地投入学习、参与阅读训练才能弥补。教学中要做到全员参与，不让一个学生游离于参与之外。

这个过程要求学生在选择储备阅读名篇的基础上，各小组精选出美文，有感情地朗读。朗读之后推荐组要首先发言谈选文的妙处，然后师生共同讨论、点评推荐组朗读的优缺点，发表对选文的理解和看法。推荐组参与讨论，在互相讨论中，增加对选文的理解。教师适当进行引导评论，融入学生讨论之中。通过这种形式的训练，既能促使学生深入领会文章的情感内容，又能训练学生的朗读技巧。只有抓住了文章的情感精髓，才能把握朗读的感情。这个环节要抓好小组讨论，让一对一的参与变为全班学生平等自由的参与，人人又说又听，在和谐自主的参与中，在多种感官的作用下，理解由片面变为全面，形象由模糊变为清晰。一对一的参与，哪怕成绩好的学生的参与100%有效，绝大多数学生也只处在旁观的位置上，效性差强人意。有实验资料表明，只旁观不参与，信息的吸收只有总量的5%～20%，而小组讨论将单位时间内的参与有效性成倍提高。这样坚持下来，会促使学生的审美鉴赏能力和朗读能力逐渐提高。

四、情感参与是阅读教学的催化剂

著名教育家杜威提出：“为了激发学生的思维，必须有一个实际的经验情境，作为思维的开始阶段。”美国心理学家罗杰斯也认为：“成功的教学依赖于一种真诚的理解和信任的师生关系，依赖于一种和谐安全的课堂氛围。”师生平等的课堂氛围能促使学生产生最佳的参与学习状态，轻松愉快地参与课堂学习。

阅读教学必须为情感的碰撞、交汇提供足够的能量。如何诱发并强化学生在阅读教学中的情感参与是阅读教学设计的一个重要领域，它渗透于教学的每一个环节。情感参与是阅读教学的催化剂，是学生有效参与的前提条件。

以情动情：情感是人们对客观事物的态度体验，具有波动性和感染性。课堂教学中教师精神饱满、乐观向上，寄情于生，寓情于教，极易引起学生的情感共鸣，产生感染作用和激励作用，使师生情感同起同落，有机交融。“教师不是无情人”，在教学过程中，教师要做一个富有情感的人，有实情而不是虚情，有真情而不是矫情，以自己真切的情感体验去触动学生的情感。

以史激情：在阅读教学中用一些生动真实的史料来激发学生的情感。例如，在讲授《〈论语〉六则》时，可以用这样一段导语："火之光、电之光能照亮世间的道路，思想之光能照亮人们的思想。谁是世界上最伟大的思想家呢？联合国教科文组织确立了世界上最伟大的十位思想家，如牛顿、哥白尼等。同学们知道这十位思想家中谁排在第一位吗？他就是我们中国的孔夫子。"这段导语既很自然地引出了教学内容，又激发了学生对孔子的仰慕之情，学生对学习本文自然就有了兴趣，同时，还能引发学生思考：孔子的思想之光是什么？它能给我们以什么启迪？

阅读教学中有效参与的实施，使学生真正成了学习的主人，极大地激发了学生学习的主体作用，张扬了学生的个性，整个阅读教学呈现出了活力，一改以往严肃、沉闷的气氛，情境和谐，师生融洽，交流频繁，张弛有度，使教师乐教，学生乐学，轻负高效，独具魅力。

将阅读进行到底，让学生真正接受阅读、参与阅读、乐于阅读、有效阅读！

（本文获中南六省论文一等奖）

2010年9月

相同的孤独，不同的结局

——《鲁滨逊漂流记》与《荒岛余生》比较

一、"时代的英雄"与"衣不遮体的幸存者"

《鲁滨逊漂流记》在英国乃至世界文学史上都占有重要的地位，它塑造了一种新的人物形象。像其创作者笛福一样，小说的叙述者兼主人公鲁滨逊·克鲁索是一个永不疲倦、永不安生的行动者，是那个不断扩张、不断攫取的资本主义原始积累时期的典型产物。他不屑守成，倾心开拓，五次三番抛开小康之家，出海闯天下；他理智明达，肯于劳动并善于劳动；他遭遇海难、流落到荒岛以后，不坐叹命运不济，而是充分利用自己的头脑和双手，修建住所、种植粮食、驯养家畜、制造器具、缝纫衣服，把荒岛改造成井然有序、欣欣向荣的家园；他在海外冒险多年，历经千辛万苦，终于得到了可观的财富，完成了他那个时代的英雄人物的创业历程。

《荒岛余生》的主人公是联邦快递公司的职员恰克·诺兰，他负责监督世界各分公司的工作效率，常常在各国飞来飞去，因飞机失事流落到一个荒岛上，而且这个岛不在搜索范围之内，他一个人在岛上生活了四年多才重新回到美国。

恰克·诺兰的工作确实让他变得机械了，以至于在机场与未婚妻告别都成了义务，如例行公事一般保证会如期归来，要和她共度一个美妙的新年之夜，没想到等待他的是一场空难。在搭乘联邦快递公司的顺风机飞越太平洋时，机舱内发生了爆炸，飞机坠毁并且偏离了航线。恰克·诺兰，一个原来由时间和任务支配的男人，突然发现他到了一个没有时钟，没有工作表，无须为未来做太多打算的世界。当他站在沙滩上和树边喊“喂，有人吗”时，让人感到一丝无奈和苍凉。这一喊过后是长时间的沉默，他明白了喊叫是徒劳的。

他开始面对现实，努力地回忆小时候学过的求生课程，首先要做的是取火和搭个遮风避雨的窝。岛上的四年一眨眼就过去了，此刻站在我们面前的不再是原本那个略微发福的恰克·诺兰，而活脱脱的是一个消瘦憔悴、衣不遮体的幸存者。

二、“彻头彻尾的经纪人”与“无可奈何的落寞者”

鲁滨逊还是一个彻头彻尾的“经纪人”。他热衷于航海，并不是因为什么浪漫的追求，而完全是为了经济利益。他在海岛上曾发过几句金钱无用的感慨，但说过以后立刻就把见到的钱币一一收好，最后又一枚不落地带回英国。

在他看来，非经济的社会关系和活动是次要的，父母之言不足信，安乐之家不足恋。这部自述体小说几乎不曾记录任何消遣活动（如果和鹦鹉说话不在其中），也不从纯欣赏的角度（或说美学的角度）来描写自然景象和异国风光。鲁滨逊认为人与人的关系当然首先是契约关系、借贷关系、主仆关系，他心安理得地认为贩卖黑奴是利润丰厚的风险事业。他被海盗俘获时曾鼓动同为海盗奴隶的小男孩佐立一起逃跑，并许诺要使他成为“了不起的人”。然而出逃成功后又有人出了个好价钱，他只稍经犹豫、略讲价钱就把佐立卖了。后来他在荒岛上解救了一名土著，给他起名“星期五”，顺理成章地把他收为奴仆。

他回到欧洲之后找到他的代理人，即当年救他的葡萄牙船长。那老人当时已经穷困潦倒，仍然倾其所有地拿出一百六十金币还给鲁滨逊，并交出一份详细的收支账目。鲁滨逊感动万分，热泪盈眶，同时却不忘记一丝不苟地写一张收据。

总而言之，就其思想而言，鲁滨逊不是一般意义上的劳动者，而是以“占有”为目的的资本主义拓荒人。他的荒岛经历是早期西方殖民者的开拓史诗的一个缩影。“落难”最终成了一首占有狂想曲，经过了占有、开发和改善等资本主义“进步”历程。唯有如此，鲁滨逊才能成为现代文学中影响深远的原型或神话人物之一。

恰克·诺兰在岛上剥椰子、捕鱼、取火，以及利用和他一起漂到岛上的FedEx包裹中有用的东西来谋生（不幸的是没有人在包裹中邮寄食品）。他在一个排球上画了一张脸，并给这张脸起了个名字——威尔逊，这样他就能时不时地和威尔逊大声说说话。有一幕是恰克·诺兰蹲在地上，凝视着一个洗干净的柳条箱，碧蓝的大海边，椰风阵阵。他先是疲惫地打量四周，接着神情有些无可奈何，在大喊了几声之后，眼神迅速地落寞下去，马上，绝望占据了他的心。真的是绝望，这个有些发福的男人陷入绝境的无助眼神，让你恨不得马上伸手去救他。

三、“永不安生的行动者”与“一无所有的绝望者”

如前文所述，鲁滨逊是个永不知疲倦、永不安生的行动者。理智明达的他不屑守成，倾心开拓，三番五次抛开小康之家，出海闯天下。他肯于劳动并善于劳动，总是充分利用自己的头脑和双手奋斗着，历尽千辛万苦，一次又一次地创造出财富，体现出鲁滨逊的拼劲和对美好生活执着追求的信念。

18世纪欧洲最杰出的思想家卢梭，曾建议每个成长中的青少年，尤其是男孩子都应该读一读《鲁滨逊漂流记》。一个人在逆境中不要悲观绝望，而要努力看到积极的因素，从而改变自己被动的局面。鲁滨逊在逆境中给我们做出了很好的榜样。人没有精神寄托是不行的，鲁滨逊说服自己要顽强地活下去，这需要很大的勇气。他是一个非常珍惜生命、热爱生活的人，虽身处绝境，但他能说服自己顽强地活着，并打定主意在岛上独自生活一辈子。他活得积极主动，活得像个人，活出了人的尊严，这样活着值得。

鲁滨逊在短时间里遇到了生存问题、物质问题和精神问题，而这三个方面都意味深长，几乎可以看成人类进化史的缩影。在那样的绝境中，任何人都必须首先解决心理问题，调整自己的心态，才能有下一步的行动。鲁滨逊短时间中就完成了心理调整，为他在岛上顺利地生存下去打好了心理基础。他的这种自我安慰是值得肯定的。

与其不同的是，恰克·诺兰适应之后，情节又变得有些可笑了。他解手之后把粪便埋起来，像一个阿拉伯人一样把头蒙住，笨手笨脚地用一根长棍叉鱼。他打开一个个包裹，把裙子做成鱼网，把冰鞋当刀使，他花了两天时间、无数精力钻木取火成功……终于，他可以再做些抒情的事情：用从死人身上得来的电筒，在夜里一遍一遍照未婚妻的小像；用排球上的血迹，画成人脸唤它“威尔逊”，和它做朋友。当苦涩的生活里掺杂了浪漫，浪漫就变得尤为珍贵，它的力量令人心碎。我得说故事主线的前大半段一直是生动感人的，但却没有逃出虎头蛇尾的毛病，影片结束时恰克·诺兰的微笑不免有点牵强。

在历经磨难的主人公终于像一个英雄一样被营救回去的时候，他发现自己已一无所有。有一段台词很好：“我几乎失去一切，失去生命。但我现在还能坐在这里和你聊天，这非常好。我的眼里满含泪水，但我心怀感激。”在心怀感激的同时，他再次像个现代人那样，面对盛宴欢散、杯盘狼藉的场景，凝视着盘里的残羹冷炙，并轻轻把玩一只打火机。这个地方没有一句话，也没有任何画蛇添足的暗示，但谁都能体会到那种浓浓的悲凉。一切已拥有的看起来都那么轻易，付出过的青春却白白走过。让人印象最深刻的是，他的排球朋友——威尔逊在他烦躁的时候被踢到了海里，他疯狂地去寻找；在他的排球朋友永久消失的时候，他痛不欲生的样子，跟他刚到岛上发现同事尸体的时候也没有这样痛苦相对比，让人一下子明白了：人有时候多么需要安慰！

当他回到现代社会，他最爱的Kelly已经结婚了，他面临一个更大的感情挑战。同时，也揭露了原先的一个伏笔——在荒岛上他想到以后不可能和Kelly在一起，想自杀，结果没有成功。

是的，不管有多大的障碍横在我们的面前，我们都不能绝望。

总之，两个不同的主人公经历相同的孤独却有着不同的结局，令人深思……

2007年11月

异曲同工写真情

——中考训练专题：句子的仿写

句子的仿写是近几年高考、中考中出现的新题型，它是在提供原来句型的基础上，要求考生按所给句子的思想内容或表现形式进行的写作训练。它是中学语文教学中读写结合的一个方面，也是中学生作文入门及提高写作水平的一个有效途径。

在浩如烟海的文学作品中，散见着数不清的从模拟到创新的仿写例子。初唐四杰中的王勃，写出了“落霞与孤鹜齐飞，秋水共长天一色”的佳句，成为千古绝唱，殊不知此句脱胎于北宋文学家庾信的《马射赋》中“落花与芝盖齐飞，杨柳共春旗一色”。可见模拟仿写是我国一种传统的写作训练手段，并且是历来行之有效的方法，因此我们更应该认真地把它运用到教学中去。

那么，在实际教学中，我们应该怎样进行训练呢？

一、仿文字

仿文字就是模仿范文中最有特色的词语句式等。例如，在引导学生分析流行歌词《潇洒走一回》时，其中一句“我拿青春赌明天”被学生仿写成“我拿青春献明天”“我拿青春献祖国”“莫拿青春赌明天”等，令人耳目一新。

在学过鲁迅的《从百草园到三味书屋》第二段对百草园环境的描写后，有个学生在仿写句式“不必说……也不必说”时写道：

我们的校园是美丽的，不必说那宽广的绿茵球场和高耸的教学楼，也不必说那彩霞染红池塘，月上柳梢之景，单是我校花坛一带就足以让你一饱眼福了。

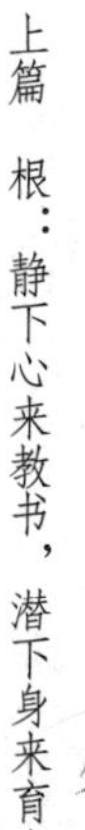

二、仿手法

1. 对比联想法

对比联想是根据事物间的某种相反点，由此事物而转到与之相反事物的一种思维过程。在生活中，学生有从“小”想到“大”，从“失败”想到“胜利”，从“花蕾”想到“落叶”的生活实践，这就是对比联想。

例如：

（1）终点之美，属于优胜者。

起点之美，属于每一个人。

（2）悲观者说：希望是地平线，就算看得见，也永远走不到。

乐观者说：希望是启明星，即使摘不到，也能告诉人们曙光就在前方。

悲观者说：风是浪的帮凶，能把你埋葬在大海深处。

乐观者说：风是帆的伙伴，能把你送到胜利的彼岸。

2. 比喻增色法

比喻能产生一种生动形象的表达效果，是优美文章的润色剂，也是考试中最容易出现的仿写模式。

例如：

（1）如果生命是水，尊严就是流动；如果生命是火，尊严就是燃烧；如果生命是鹰，尊严就是翱翔。

（2）爱心是一片冬日的阳光，使饥寒交迫的人感受到人间的温暖；爱心是一泓沙漠里的清泉，使濒临绝境的人重新看到生活的希望；爱心是一首飘荡在夜空的歌谣，使孤苦无依的人获得心灵的慰藉；爱心是一场洒落在久旱的土地上的甘霖，使心灵枯萎的人得到情感的滋润。

3. 排比造势法

排比能使文章气势恢宏，使内容丰富多彩。

例如：

（1）茫茫人海，漫漫大路，你我相遇，成为相互，相互就是：走累了一起扶助；相互就是：走远了一起回顾；相互就是：痛苦时一起倾诉；相互就是：快乐时一起投入。

（2）说出承诺并不难，有时只是轻轻的一句话，有时只是微微的一个点头，有时只是默默地一次握手。但做出承诺的决定却不易，因为轻轻的一句话，那是用信誉写成的铮铮誓言，微微的一个点头那是用良心书写的堂堂契约，默默地一次握手那是用人格定下的切切保证。负起了承诺，就负起了不变的真情，就负起了不悔的初衷。

三、仿意境

例句：我国古典诗歌意蕴丰富，很能激起人们的理想和想象。“日出江花红胜火，春来江水绿如蓝”，吟咏这脍炙人口的诗句，谁能不为祖国母亲多姿多彩的面貌而自豪？

仿写：“举头望明月，低头思故乡”，读着这优美动人的诗句，哪个浪迹天涯的游子不希望飞回生我养我的故乡？

在学生的仿写过程中，答案是丰富多彩的，只要有可取之处，我们都要加以肯定，让他们在仿写中产生对写作的兴趣，并树立写作的信心。

仿写，不仅为那些“眼前有景道不出”的学生打开了话匣子，教给了那些有米难为炊的学生以为炊之法，而且培养学生学会了怎样观察生活，并逐步提高了学生的阅读欣赏水平和写作能力，可谓异曲同工写真情！

2006年9月

浓情蜜意寄母亲

——《纸船——寄母亲》教学反思

在进行《纸船——寄母亲》一课的教学时，有不少教师和评课评委对我的这节课表示赞赏。

有不少听了我的课的教师特意对我说“你的那堂课上得真好”“你的这节课都天衣无缝了”“连我一个男的眼睛都湿润了”……

评课的时候我们的评委说，“这是引发思考的一堂课，有创意，信息量大，是对传统教材的开拓！”“形式多样，课堂活跃，个人素质好”“准备好，有目的，突出主题”“充分体现新课标的精神”“训练新，课堂延伸好，师生互动好”……

在此，谈谈这节课的六个亮点。

一、首尾呼应，尽显韵味

歌曲就是插上音乐翅膀的诗。这节课的首尾我都设计了歌曲《烛光里的妈妈》，舒缓美妙感人的音乐氛围，让人沉浸于浓浓的诗情之中。

二、创设情境，引人入胜

“很久以前，在华山下住着一对相依为命的母子。母亲含辛茹苦地把儿子抚养成人时，自己却累花了眼、苦驼了背。一天，儿子爱上了一位居住在深山里的姑娘，却不知她是一只千年狐狸精。一日，两人在湖边散步，姑娘饿了，竟提出要他把他母亲的心捧来给她吃，更令人想不到的是他竟然一口答应了。儿子跑回家，拿起刀就将睡梦中母亲滚烫的心挖了出来，然后飞奔回去。不料在跨过小沟时，竟被杂草绊了一跤，将心摔出老远。这时传来一个声音：‘儿呀，快起来。摔疼了吗？’说话的是母亲那颗血淋淋的心……

“如果说这只是一个寓言故事，那么下面的报道却是真实发生的：波黑战争中，埋在废墟里的母亲，割开自己的静脉，让孩子吸吮鲜血来延续孩子的生命。一位母亲在飞机失事时，用生命护卫着怀里的孩子，至死都没有松开搂抱孩子的手……”

由真情故事导入，营造课堂氛围，拨动学生心弦，激发学生热爱母亲的情感。谁能不为之动容？

三、美教美读，入情入理

这是一曲远离家乡的游子对日夜思念的母亲深情的呼唤。

教学中通过学生朗读，教师引导学生划分节奏、画出重音。教师配乐范读，学生展开丰富的联想和想象，进入诗的意境，读得深情、低沉。加入著名朗诵家丁健华的配乐朗诵后，学生运用朗读方法再次齐读，舒缓的音乐，声情并茂的朗诵，让人沉浸于浓浓的诗情之中；师生同读，教师是学生学习的参与者；激发想象，创造性地再现诗歌的画面：

“天风吹卷，海浪滔滔，一如我那波澜起伏的心。我此去远涉重洋，不知何时才能回到母亲的怀抱？在一望无际的大海中，我只有不停地叠纸船来表达对母亲的思念。纸船啊纸船，你虽漂不到母亲的身边，但你能漂入我母亲的梦中吗？”

动情点拨，使得语文阅读更神奇，更美妙！你用心灵去阅读，就能走进文章的境界中去，就能读出文章的情趣和韵味，就能有自己的体会和感悟，并逐步达到心灵上的沟通，产生情感上的共鸣。真正的阅读就应该是读者用心灵与作者、与文章进行富有诗意的一种个性化的对话过程。

四、迁移阅读，丰富情感

生活有多宽广，语文的外延就有多宽广。

始终以生为本，通过阅读冰心的其他关于母爱的小诗，来培养学生鉴赏诗歌的能力，从而达到怡情的目的，使课堂内容进一步深化。

“母亲呵！你是荷叶，我是红莲。心中的雨点来了，除了你，谁是我在无遮拦天空下的荫蔽？”

“母亲啊！撇开你的忧愁，容我沉酣在你的怀里，只有你是我灵魂的安顿。”

“母亲啊！天上的风雨来了，鸟儿躲到它的巢里；心中的风雨来了，我只躲到你的怀里。”

“小小的花，也想抬起头来，感谢春光的爱——然而深厚的恩慈，反而使她终于沉默。母亲啊！你是那春光吗？”

是啊，世界上最美丽的声音，便是母亲的呼唤！母亲，就是爱的化身。

一旦调动学生的情感体验，激活学生的想象思维，便点燃了学生的创作激情，从而使学生张开想象的翅膀，放飞自己的心灵，与诗人、文本和学习伙伴展开富有诗意的对话，进入诗与自我交融的诗化境界，便能自由地在诗人创造的艺术世界和精神宇宙里翱翔！

五、拓展延伸，读写创新

师生同写，教师是学生学习的引导者、促进者。

小时候，母爱融在乳汁里，吮着它，香甜甜；长大后，母爱藏在枕头里，枕着它，意绵绵。

寒冬里，母爱织在毛衣里，穿着它，情牵牵；雨天里，母爱撑在雨伞里，擎着它，泪涟涟。

其实能寄托母爱的又何止“纸船”“乳汁”“枕头”“毛衣”“雨伞”呢？我借此让学生结合自身体验，借助一种具体的形象，试着写一两句诗，并用诗意的语言来抒发对母亲的爱。以下是学生佳作：

求学时，母爱藏在书包里，背着它，沉甸甸。

干渴时，母爱冲在牛奶里，啜着它，热乎乎。

调皮时，母爱藏在巴掌里，挨着它，热辣辣……

富有诗意的个性化语言，让学生在主动积极的思维和情感活动中，加深理解和体验，有所感悟与思考都受到了情感熏陶。阵阵笑声，阵阵掌声，把课堂气氛推向高潮。

六、与时俱进，意韵深远

母爱相关诗文推荐：

冰心作品：《繁星》《春水》。

其他作家作品：舒婷《啊，母亲》，沈从文《一个母亲》，孙犁《母亲的回忆》，邹韬奋《我的母亲》，柔石《为奴隶的母亲》，苏雪林《母亲》，安徒生《母亲的故事》，张洁《世上最疼我的那个人去了》，贾平凹《我不是一个好儿子》……

人们常说：“山水寄意，草木传情。”是的，古往今来，许许多多的文人志士，或者借一朵鲜艳的小花，一棵枯萎的小草，或者借一滴晶莹的露珠，一股清冽的甘泉来抒发他们内心的情感，激发他们关爱自己的母亲、回报自己的母亲的意识。

诗歌的教学，就是朗读训练和感情的熏陶，这节课确实是充满诗意，引发思考的一堂好课。

2006年1月16日

《大道之行也》教学反思

【教学理念】

重视朗读，字字落实，当堂成诵。

【创新之处】

（1）课前微分享。

（2）字字落实，学生自己质疑解疑。

（3）背诵指导，层层巩固。

【教学目标】

1. 知识目标

（1）积累一些重要的词语。

（2）了解先贤圣哲关于人类社会的伟大构想，把握“大同”社会的基本特征。

（3）背诵并默写全文。

2. 能力目标

（1）重视诵读，提高朗读和背诵能力，力求读得好，诵得快。

（2）整体感知文意，理清文章脉络，尽快形成背诵思路，提高诵读能力。

（3）联系实际，探求未知，逐步培养学生的探究意识。

3. 德育目标

《大道之行也》反映了我国古代人民对美好生活的向往，鼓励学生学习古人敢于冲破现实羁绊、大胆追求理想的精神和智慧，促使学生树立远大的理想，为人类造福，做一个真正的社会人。

【教学重点】

（1）要求学生在反复的朗读中，读出韵味，读出文意，最好当堂成诵。

（2）引导学生把握“大同”社会的基本特征。

【教学难点】

（1）引导学生思考：《桃花源记》中所描绘的社会生活与文中“大同”社会相比，有无相似之处？

（2）联系实际，引导学生思考“孔子的社会理想实现了吗，我们现在的社会是不是‘大同’社会”这个问题。

【教学方法】

问答法、诵读法、点拨法。

【教学过程】

（一）创设情境，导入新课

早在两千多年以前，我国就有关于人类美好社会的构想，并给它定名为“大同”。今天，我们将要学习的《大道之行也》，就给我们呈现了一个理想社会，我们不妨一同去感受一下。（板书文题）

（二）作者简介及背景

知识卡片。

（三）朗读课文，整体感知

（1）教师播放朗读磁带，学生听读，初步感知文意。

（2）对照注释，借助工具书，疏通词句，粗知文意。教师提示需重点掌握的词语：

不独亲其亲（亲，用作动词，以……为亲。）

男有分（分，读fèn，文中指职业、职守。）

货恶其弃于地也（恶，读wù，厌恶、憎恨。）

是故谋闭而不兴（谋，奸邪之谋。闭：闭塞，这里作杜绝。）

盗窃乱贼而不作（乱，指造反。贼，指害人。作，兴起。）

外户而不闭（闭，用作动词，从外面合上，用门闩插门。）

（3）通假字：

选贤与能（“与”通“举”，选拔。）

矜、寡、孤、独、废疾者［“矜”通“鳏（guān）”，指老而无妻的人。］

（4）教师具体指导朗读。

（5）全班齐读课文。

（四）精读课文，字字落实

（1）根据课下注解翻译课文。

（2）画出自己不能解释的字词。

（3）小组讨论解决。

（4）课堂交流翻译的情况。

（5）同桌交流检查翻译的情况。

（五）还原课文，归纳主旨

（1）根据翻译还原课文。

（2）主旨概括。

《大道之行也》为我们描绘了一幅宏伟瑰丽的社会蓝图。在那里，人们生活着并快乐着。尽管这个理想社会在小农经济的基础上不可能成为现实，但两千多年来它一直是许多进步思想家和社会改革家心中永不磨灭的梦。就是这个梦，牵系着古圣先贤，牵系着时人，让我们齐心协力，为这个美好的梦的实现而加倍努力！

（六）拓展课文，合作探究

（1）总领全文的语句是什么？照应此句的是哪句话？

大道之行也，天下为公。外户而不闭，是谓大同。

（2）提问：怎样实施"大道"，实现"大同"？（"大同"社会的根本特征）请找出相关语句，并讲解。

明确"天下为公，选贤与能，讲信修睦"的含义。

"天下为公"是指天下是大家的天下，不属于任何个人。

"选贤与能"是指选拔品德高尚的人、能干的人担任社会职务。

"讲信修睦"是指社会成员间应当建立良好的关系，讲求诚信，远离欺诈，崇尚和睦，防止争斗。

（3）提问：本文是从哪几个方面来说明"大同"社会的理想的？

① 人人都能得到全社会的关爱。"不独亲其亲，不独子其子"，把奉养父母、抚育儿女的心意扩大到其他人身上；"老有所终，壮有所用，幼有所长"，各个年龄段的人或者说人一生中的各个阶段都能受到应有的照顾，得到合适的安排；"矜、寡、孤、独、废疾者"这五种需要特别关爱的人都能得到应有的生活保障。

② 人人都能安居乐业。“有分”就是有稳定的职业，能安心工作；“有归”就是男女婚配及时，有和乐的家庭。

③ 货尽其用，人尽其力。“货恶其弃于地也，不必藏于己”是说人们珍惜劳动产品，但毫无自私自利之心；“力恶其不出于身也，不必为己”是指人们在共同劳动中以不出力或少出力为耻，都能尽心竭力去工作，工作着并快乐着，把共同劳动看作分享快乐。

④ 作者所描绘的“大同”社会的景象是什么？

是故谋闭而不兴，盗窃乱贼而不作，故外户而不闭，是谓大同。

（4）文中“大同”社会跟陶渊明描绘的那个“世外桃源”有没有相似的地方？

教师要启发学生透过“桃源”中的生活现象来认识这个社会，如从“黄发垂髫，并怡然自乐”中可以看出“桃源”中的老人和孩子生活极其幸福、快乐，这就是“大同”社会中“老有所终”“幼有所长”，由此还可以推知“矜、寡、孤、独、废疾者”这五种人同样受到了全社会的关爱。

（5）孔子的“大同”社会的理想实现了吗？21世纪的中国社会，是“大同”社会吗？

联系历史知识和现实社会生活的各个方面深入探究，只要言之有理即可，教师不随意评判，应以表扬鼓励为主。

（6）请说一段话，描绘你心目中的理想社会。

旨在激发学生进行大胆新奇的联想和想象，营造一种畅游理想和未来的热烈气氛。

（七）背诵课文，收获成果

背诵并默写课文。

板书设计：

根本特征：天下为公，选贤与能，讲信修睦	
	人人都能得到全社会的关爱
大道之行也　详述“大同”社会的基本特征：	人人都能安居乐业。
	货尽其用，人尽其力。
总括全文，折射现实	

2018年6月

磅礴大气入文来

时下，许多学生的话题作文立意肤浅，选材范围小，文思不开阔。他们的文章常常以自我为中心，在个人忧愁喜乐中浅吟低唱、顾盼流连，在个人的小天地里一味沉溺，目光如豆，心胸狭小，缺少“老吾老以及人之老，幼吾幼以及人之幼”的推己及人的胸襟；缺少“先天下之忧而忧，后天下之乐而乐”“为中华之崛起而读书”的以天下为己任的崇高思想境界；缺少“看万山红遍，层林尽染”的格调高昂、语气豪迈的大家之气。那么，如何去除这些弊病，让学生的作文“大气”呢?

“工夫在诗外。”中学生要树立远大的理想，在平时要注意加强自己的品德修养，培养自己高尚的情操，时刻把自己的命运同社会的命运联系起来，“胸怀祖国，放眼世界”。同时，努力培养自己的良好品格，做坦坦荡荡的君子。此外，中学生要积极参加社会实践活动，丰富自己的知识，拓展生活视野，特别是要博览群书，扩大阅读面，好诗妙词展眼带过，名著佳作信手拈来，经过一定的积累，读书阅报便知“子在川上曰”“黄河之水天上来”，高歌“大江东去”！吟诗作赋就会“怒发冲冠，凭栏处”“问苍茫大地，谁主沉浮？”仰天长啸“生当作人杰”“我以我血荐轩辕”！

以上说的是写文章能“大气”的条件之一，即人的秉性才情里必须融入“大气”。下面将具体谈谈作文时哪些方面需要“大气”。

一、立意要“大气”

作文的关键在于立意，而立意的高低上下，“大气”“小气”取决于作者的胸襟视野和思想深度，即其能否以小见大，从平凡的生活现象中透过表面挖掘出深刻的思想内涵，特别是要发现生活中的新动向，选择富有时代气息的材料，注入时代的血液，和时代、社会共脉搏。这就是“文章合为时而著，歌诗合为事而作”。例如，龚自珍在《病梅馆记》中针对晚清积贫积弱的现状，跳出赏梅叹春、孤芳自赏的个人小天地，叹惋病梅，旨在为天下呼唤更多的人才。又如，《茅屋为秋风所破歌》，颠沛流离的杜甫，茅屋遭冷雨秋风肆意的破坏，已是痛苦落魄、贫困交加了，但他并没有囿于个人的冷暖苦乐，而是心系天下，大声祷告：“安得广厦千万间，大庇天下寒士俱欢颜！”再如，以“教训”为话题的作文，如果局限于对自己的错误、失败做检讨，找教训，那立意未免肤浅、思路未免狭窄了些；如果从人类与大自然的关系上谈，某些人对大自然的肆意掠夺、破坏或严重污染，造成了环境的恶化，破坏了生态平衡，进而呼吁人类必须吸取教训，增强环保意识。这种立意就显得棋高一着，视野开阔，深邃高远。

二、抒情要“大气”

写作要有激情，抒情更要有激情，喷薄而发的激情往往出自大手笔，能写出大气磅礴的美。徐迟的散文《黄山记》便有一种“大气”之美。文章居高临下，气势恢宏，以饱蘸笔墨的深情，热情奔放的语言，极尽抒情之能事，给读者描绘出一幅风云变幻的山水画卷。作者激情澎湃地称大自然为“大手笔”，安排了黄山这一人间胜境。其实，作者强烈的抒情、热情的礼赞，又何尝不是大手笔呢？鲁迅在《记念刘和珍君》中，目睹青年“淋漓的鲜血”和反动派的“虐杀”、无耻谰言，“出离愤怒”了，在大声诅咒“这似人非人的世界”“何时是个尽头”的同时，还向世人发出振聋发聩的呼唤：“真正的猛士，敢于直面惨淡的人生，敢于正视淋漓的鲜血……”“沉默啊沉默，不在沉默中爆发，就在沉默在灭亡！”

三、议论要“大气”

鲜明的论点，层递严密的论证，强烈的理性光芒，能使议论具有磅礴的气势。堪称古代论说文典范的苏洵的《六国论》，就完美地体现了论证的一般方法和规则，围绕中心论点“弊在赂秦”展开论证，既深入又充分，逻辑严密，无懈可击。全文不仅章法严谨，而且富于变化，纵横恣肆，起伏跌宕，雄奇遒劲，具有雄辩的力量和充沛的气势。魏征的《谏太宗十思疏》，语句坦诚，字字惊心，十条劝诫铺排罗列，勾连而下，笔力雄放，气势不凡。马克思在《法兰西内战》中有这样一段评论梯也尔的话："梯也尔是一个玩弄政治小骗局的专家，背信弃义和卖身变节的老手，议会党派斗争中施展细小权术、阴谋诡计和卑鄙奸诈的巨匠；他一失势就不惜鼓吹革命，而一旦大权在握则毫不踌躇地把革命浸入血泊；他只有阶级偏见而没有思想，只有虚荣心而没有良心：他的私生活和他的社会生涯同样卑鄙龌龊，甚至在现在，当他扮演法兰西的苏拉这个角色时，还是情不自禁地用他那可笑的傲慢态度显示他的行为的卑污。"

这段议论一气呵成，像一连串排炮，又像一股飓风，气势非凡，一泻千里！作者仿佛在指着梯也尔的鼻子，痛斥他的种种罪行，多方面剥下了梯也尔的画皮，读后使人感到痛快。这样议论，倾泻了作者强烈的感情，仿佛像大海中升起的冲天巨浪，增强了文章的气势。

四、描写要"大气"

描写既有精雕细刻的工笔描绘，也有抓住特征，追求神似的简笔写意，更有气势恢宏的大笔勾勒，而后者很能体现文章的"大气"。例如，吴伯箫在《歌声》中对延安唱歌场面的描写，画面开阔，意境深远："露天会场。西边是黑黝黝的群山。东边是流水汤汤的延河……合唱开始……随着指挥棒的移动，上百人，不，上千人，还不，仿佛全部到会的，上万人，都一齐歌唱。歌声悠扬，淳朴，像谆谆的教诲，又像娓娓的谈话，一直唱到人们的心田，又从人们的心里唱出来，弥漫整个广场。声浪碰到群山，群山发出回响；声浪越过延河，河水演出伴奏；几番回荡往复，一直辐散到遥远的地方。"

作者先描写了在蜿蜒延河、群山环抱中的露天大会场，然后写大合唱的场面。写大合唱时，先引出歌声，再写上千人、上万人随着指挥棒的移动一齐歌唱。整个场面是鸟瞰式的描写，大气磅礴。

五、修辞要"大气"

适度的夸张、恰当的博喻、连珠炮似的反问和排山倒海、势如破竹般的排比，都能使文章洋洋洒洒，恢宏大气。"飞流直下三千尺，疑是银河落九天"是奇思妙想、适度夸张的"大气"；"……田田的叶子……像亭亭的舞女的裙……正如一粒粒的明珠，又如碧天里的星星，又如刚出浴的美人。"这是博喻的"大气"。最能反映文章"大气"的修辞手法是排比，如杜牧《阿房宫赋》开头“六王毕，四海一，蜀山兀，阿房出”四个短句，气势非凡，先声夺人，写出了秦始皇一统天下的豪迈，写出了阿房宫构造的非同凡响，真是笔力千钧；接着描写阿房宫的雄伟壮观，写阿房宫里的美人、珍宝，感喟统治者的奢靡。无论描写还是议论，都大量采用了铺排的手法，叙事言情极尽其致，气势夺人，大气淋漓。

［载于《作文周刊》（高中版）2004 年第 2 期］

2004年9月

舍生取义浩气存

——名言名句中的生死观

生死观是人生观的一个重要内容，是指人们对生和死所持的态度以及对生死行为的社会评价。在我国历史上，各种各样的生死观精彩纷呈于世间，而那些豁达、积极的生死观则成为受社会弘扬的人生观的主流，这从许多名言名句中便可窥知一二。

“鱼，我所欲也；熊掌，亦我所欲也。二者不可得兼，舍鱼而取熊掌者也。生，亦我所欲也；义，亦我所欲也。二者不可得兼，舍身而取义者也。”（《孟子·告子上》）舍鱼而取熊掌，是因为熊掌比鱼更贵重；义重于生，故舍弃生命而选择义。

“亦余心之所善兮，虽九死其犹未悔。”（屈原《离骚》）诗人受到沉重的打击后，仍坚定地表示：绝不愿与黑暗的社会同流合污，绝不向恶势力屈服，绝不改变自己的人格，纵死不悔！

“风萧萧兮易水寒，壮士一去兮不复还。”（司马迁《史记·刺客列传》）萧萧易水，壮士一去不返，表现了荆轲去刺秦王时的悲壮情怀和不完成任务誓不回还的坚定意志。

“人固有一死，或重于泰山，或轻于鸿毛。”（司马迁《报任安书》）司马迁向世人表述自己的生死观：人应死得其所，死得有价值，死得比泰山还重。

“鞠躬尽瘁，死而后已”（诸葛亮《出师表》）表现了诸葛亮对国家要不辞劳苦地贡献自己的一切，竭忠尽志，忠心耿耿。诸葛亮这种奋斗终生、至死方休的情怀一直为后人所景仰。朱镕基同志曾经说过，不管前面是地雷阵还是万丈深渊，他都将一往直前，义无反顾，鞠躬尽瘁，死而后已，表现出了他的崇高风范。

“捐躯赴国难，视死忽如归。”（曹植《白马篇》）刻画了一个为赴国难而挺身从军、将视死如同归家的少年英雄形象。

“宁为玉碎，不为瓦全。”（《北齐书·元景安传》）比喻宁愿保持高尚的气节死去，也不愿屈辱地活着。

“孰知不向边庭苦？纵死犹闻侠骨香！”（王维《少年行》）描写了一位爱国少年向往边塞军旅生活，其视死如归的豪情令人万分钦敬。

“愿得此身长报国，何须生入玉门关”（戴叔伦《塞上曲》）描写了边塞士兵长期坚守边疆、打击敌人的坚强意志，表现了边疆战士奋勇杀敌、誓死保卫国家的英雄气概。这两句因为气壮志豪地描绘出一个为了报国而愿把一腔热血洒在边塞的无畏战士的形象，成为后代传诵的名句。

“生当作人杰，死亦为鬼雄。”（李清照《夏日绝句》）女词人的豪迈气概难能可贵，豪壮情怀令男儿都钦佩：活着要做人中豪杰，死后也要做鬼中英雄！弦外之音是讽刺南宋统治者苟且偷生的可耻行为。

“人生自古谁无死？留取丹心照汗青。”（文天祥《过零丁洋》）这是文天祥在被元军俘虏关押期间吟咏出的壮丽诗句，表现出“头可杀，志不可屈”的磅礴正气和视死如归的英雄气概，反映了作者强烈的爱国之心和高尚的民族气节。

“宁可枝头抱香死，何曾吹落北风中”（郑思肖《画菊》）借赞菊死枝头，北风难摧，譬喻自己忠贞不屈，宁可死去，也决不向异族屈膝投降。

“粉身碎骨浑不怕，要留清白在人间！”（于谦《石灰吟》）借物自况，抒写胸襟，表达作者为国尽忠、死而后已的抱负以及决不向暴力屈服，要保留顶天立地的伟大人格、坚守高洁情操的决心。

“苟利国家生死以，岂因祸福避趋之”（林则徐《赴戍登程口占示家人》）意思是有利于国家的事情，生死都可付出，怎能因避祸就退避三舍？尽显胸怀宽广，正气凛然！

“我自横刀向天笑，去留肝胆两昆仑。”（谭嗣同《狱中题壁》）为了变法，为了图强，谭嗣同横刀仰天大笑，表明心志，洋溢着慷慨激昂的豪情和顶天立地的英雄气概。

“一腔热血勤珍重，洒去犹能化碧涛。”（秋瑾《对酒》）酒不仅激发了女才子的诗兴，也激发了女革命家的壮志豪情。封建社会对妇女身心的摧残，个性的压抑，激起了女革命家秋瑾的反抗，她要将自己一腔沸腾的热血，飞洒出去变成滚滚波涛，冲溃一切恶势力。诗句抒发了一个民主主义革命者为拯救祖国而甘洒热血的革命豪情。

“寄意寒星荃不察，我以我血荐轩辕！”（鲁迅《自题小像》）诗人满怀着爱国激情，立下了献身民族革命的誓言：为了拯救灾难深重的祖国，我不惜献出自己的鲜血和生命！

“此去泉台招旧部，旌旗十万斩阎罗。”（陈毅《梅岭三章》）我们仿佛看见革命家以大无畏的气势，同牺牲的战友一起，金戈铁马，杀向魑魅魍魉，其豪气震摄阴间之鬼，惊骇阳间之人，声音惊寰宇，气势贵古今，达到了“惊天地，泣鬼神”的境界。

此外，表达革命者视死如归、浩气长存的名句还有“砍头不要紧，只要主义真”（夏明翰《就义诗》），“已摈忧患寻常事，留得豪情作楚囚”（恽代英《狱中诗》），“丹心已共河山碎，大义长争日月光。不作寻常床箦死，英雄含笑上刑场”（李少石《南京书所见》），等等。

（此文发表于《语文知识》）

2003年9月

如何摆脱忧郁的阴云

心理问题：

我是一个多愁善感的女孩，我喜欢在忧伤的音乐里沉迷，也喜欢隔着雾气的玻璃看天空下雨。无数次，我的思绪在雨中凝固，而忧郁却如水一样在周围弥漫，世上的一切都显得那么缺少生趣，莫名的伤感、哀怨常常涌上我的心头，不知不觉中泪水已悄悄噙满眼眶……我该如何摆脱这忧郁的阴云？

汪老师信箱：

天蓝草碧，云白风清

——同在欢乐的晴空里

亲爱的朋友：

“问君能有几多愁，恰似一江春水向东流。”

“这次第，怎一个愁字了得。”

亡国之君李煜和流离失所的李清照，已经够“愁”肠百结了，在古代诗词中，你也许还发现了许多这样的诗句，它们凄凉、忧伤，又透出淡淡的无奈。很多青少年学生，特别是像你这样多愁善感的女孩，都喜爱这类文学作品，不是吗？但这些词句透露的忧郁，从文章来看是很美的，给人一种凄艳动人的意境，甚至被一些不识愁滋味的少年误以为是一种“诗意”，一种“气质”。但是，我的朋友，在现实生活中，忧郁并不那么令人“诗意”，年少气盛说忧愁，只是东施效颦罢了，根本谈不上“气质”二字，待到真正识尽愁滋味，反倒“欲说还休”。

心理学家告诉我们，忧郁是一种心境，也是一种态度。人对客观事物所采取的态度往往与其需要有关，一切不能满足人们需要的事，哪怕有时候是微小的事，都常常导致消极情绪体验，如忧郁。

忧郁是一种沉重的精神压力，会使人精力分散，学习效率降低，涣散斗志，精神沮丧。高尔基曾形容忧愁“像磨盘似的把生活中所有的美好光明的一切和生活的幻想所赋予的一切，都碾成枯燥的，单调而刺鼻的尘烟”。沉湎于忧伤情绪的人，往往看不清事物的本来面貌，感受不到外界的各种变化。在他的眼中，风花雪月满目愁，思维被禁锢在“愁”字中，被忧郁的阴云蒙住了智慧的双眼，也损害着自身的健康。俗话所说的“忧者伤神”“愁能断肠”“难言白发无根蒂，只为穷愁种得多”便是这种情况。例如，《红楼梦》中的林黛玉，终日愁眉不展，对人对物都透着一股凄伤，终日郁闷，最后积郁成疾而过早凋零。

亲爱的朋友，如果让忧郁的阴云蒙住了你那稚嫩的双眼，你又如何在人生的大道上迈开大步前进呢?

“如果愿意，你的心幕上每一天都可以呈现出这样一幕胜景——‘天蓝草碧，云白风清。’”这是诗人罗丹写下的一句很美的诗句，正如其所言，对于我们的眼睛，这世界不是缺少美丽，而是缺少发现。换言之，对于我们的心情而言，生活不是少了快乐，而是少了感受。就像微不足道的一毛钱，可以带给大人买不到一支香烟的沮丧，也可以带给小孩可买到一支铅笔的欣喜，这便是感受不同。一个人要想获得快乐其实很简单，内心豁然则无往而不乐。我们要善于从身边开始寻找快乐，从学习和生活中发掘乐趣，良辰美景、读书写字都会令人心怡，关键在于我们，要有做一个快乐的人的心向。

一个快乐的人，在生活中能处处表现宽容、忍让；一个快乐的人，面对挫折也会心平气和；一个快乐的人，不受物与人的影响，脸上始终荡漾着温暖的笑意，更不会“为赋新词强说愁”。

一个女孩不快乐了，纵使做了公主，也只不过是形同虚设；而一个每天快乐满怀的女孩，才真正拥有了做公主的心情。

我的朋友，为什么要让忧郁爬上你的眉梢，左右你的心情呢？心灵的天空可以“细雨弥漫”，更可以“晴空万里”呀！既然，忧郁只是一种心境的选择，你为什么不选择快乐呢？记住，“只要你想，你就能摆脱忧郁，收获快乐”。

愿我们同在欢乐的晴空下，尽享“天蓝草碧，云白风清”的胜景！

你的大朋友：汪淑青

2003年2月18日

什么样的女生才引人注意

心理问题：

我是一个相貌平平的女生。有时看到一些女生因为长得漂亮而得到同学们的喜爱，我内心就会有一种失落感和自卑感。别人眼里，我是什么样的人？什么样的女生才引人注意呢？

汪老师信箱：

灵魂在高处，你就是一颗美丽的星

亲爱的同学：

青春期的女孩常担心自己长得“丑”，男孩则害怕自己长得不够高、不够结实，这是很正常的心理现象。我要对你说的第一句话是：美玉质朴，贵在天成。

也许你感到有点答非所问。罗西有句话让我奉为名言：“心有圣殿，供奉着高贵、尊严、善良、理想和追求，这是些美丽的神灵，由此而不可侵犯，由此而拥有世界和自己。”

是的，相貌是父母所给，我们别无选择。古人对女性最高要求莫过于“秀外而慧中”，但这种尤物又有几个呢？上帝对任何人都是公平的，不会给谁太多，也不会给谁太少。容貌的美如夏季的水果，是不能长久的，美丽的心园，才是人生耀眼的光环，令人仰慕。

日常生活中，我们对那种看似花枝招展，风度翩翩，但腹中空空，口出脏话的人很反感，而对那些朴实无华，但又能在细微之处显出温文尔雅、礼貌周到、学识渊博、善良真诚的人倍感亲切。由此可见，内在美有时比外表的美更具吸引力。况且，“秀色”会变衰，会褪色，花儿凋谢了，还能“秀”吗？人的精神生活，包括认真学习、勤勉工作、深入思考，更多地需要内在的知识素质和道德素质。这时候，一个人的迷人风采，就体现于她的学识、人格和品质中。国外的选美中，不是也有考察智能、知识的内容吗？那种虽然相貌出众、亭亭玉立，却手足失措、张口结舌的“美女”，恐怕在任何人眼里，都不是真正完全的美女。

人之为美，在于与众不同，还在于行为贴己。个性既是每个人天然的特质，也是最能表现与众不同的迷人风采之处，充分地体现个性，能创造出独特的审美效果。例如，天下母亲，平凡居多，却凭一颗不倦的爱心永恒了世界；许多女子，其相貌不扬，却因一片真诚、善良温馨了周围人的心灵。

有一句诗写得极好：灵魂在高处。

我的朋友，相貌平平无须自卑，一个善良、真诚、豁达的灵魂才让人仰慕。

人生短暂，瞬间即过，拥有生命，已是最大的幸福；个性的风采，灵魂的闪光，更是生命的亮丽风景，让你的真实、善良、尊严绽放出迷人的风采，只要你的灵魂在高处，你就是一颗最美丽的星。

你的大朋友：汪淑青

2003年2月18日

自卑怎么办

心理问题：

自从父母离婚后，我感到自己是这个世界上的苦命人、多余的人，我开始不信任任何人，也不相信自己，不管什么时候，只要同学在我旁边说悄悄话，我就会很不舒服，总觉得他们是在议论我、嘲笑我，我感到脆弱、悲观，我害怕面对同学的眼光，变得越来越孤僻、自卑，我该怎么办？

汪老师信箱：

让我说一些心事吧

亲爱的孩子：

请允许我这样称呼你。你本该是东升的旭日，是灿烂的阳光，是鲜美的绿叶，是含苞的红花，是父母掌心里的宝。但你的一句“多余的人”却震颤了我的心。

为什么是这样？难道你不再相信真情是人生的太阳吗？

让我说一些心事吧，你会感到沟通的酣畅。生活总有坎坷曲折，不要让那忧伤的情节久久滞留心底。父母是你最可信赖的人，尽管你的父母已离婚，但是他们对你的心理有一种直觉，因为他们本身处于这个逆境之中，他们是最能理解你的人。

让我说一些心事吧，你会获得彼此接纳的融洽。生命中不会天天都是过年过节的日子，不必在意那一点悲伤的阴影，既然我们无法改变摆在我们面前严酷的事实，那就要正视现实。逃避不是办法，唯一有效的办法是：用我们尚不成熟的心灵去体会父母的感受，相信他们对自己的爱心是永远存在的，也许家庭遭遇不幸之后，你的父母，又各自成立了一个新“家”，似乎他（她）将从你那儿夺走一部分的爱，于是你的心里越发难受。其实，爱父母就应该爱父母之所爱，父母的那份失落之情，就是你用十倍的真挚也难以弥补的，再说那位新爸爸或新妈妈或许也有过类似的遭遇。爱吧！爱这个家，也爱你父母所爱。只有这样，你才会得到更多的爱。你不但不是一个“多余的人”，还会是父母掌心里的宝。

让我说一些心事吧，说幽闭已久的笑颜，说苦守多时的泪滴。交换青涩的感触，交换熟透的思念。我也曾有过一次真正的寻找，那是在一个十分苍凉的季节，寒冷的风吹乱了我的长发，迷失的我，在心灵的荒漠流浪。蓦然回首，我孤独的步履是那样的艰涩而又迷茫……人与人的交流需要彼此间的真诚，你更需要别人的理解和关怀。但是把感情之门锁起来的做法，只会增加内心的伤感，猜疑别人，更会使你失去原有的帮助。你应该醒悟，我们原来这么相似，生命依旧光华灿烂。我的倾听，期望释解你那布满炎凉的惘然心境。

亲爱的孩子，爱是一种滋补，它弥合了多少开裂的伤痕；爱是一种给予，当你愿意付出之后，才会沐浴自己。爱是一个永恒的主题，不完整的家庭里更需要有它谱曲，谱出动人的旋律。爱吧！爱这个家，爱家庭里所有的人，失去的将是一段回忆，得到的将是全部未来。不要再孤僻，不要再自卑，相信真情不泯，让我们拥有彼此真心的面孔。

你的大朋友：汪淑青

2003年2月18日

我该如何面对那个男生

心理问题：

刚来到一个新的环境，我觉得特别孤单，我认识了一个男生，他对人很体贴，我很喜欢这份隐隐约约的受宠的感觉。渐渐地，我发现对他的感觉起了一点变化，很想经常见到他，也想常常和他在一起。但是，我对自己的学习方面要求很高。在小学，我的成绩也是名列前茅，我怕影响学习。所以，我一见到他就觉得害怕、紧张，便总是躲着他。可是这样我又觉得很不开心，我该怎么办？该怎样面对他？

汪老师信箱：

走过青春驿站，前面又是一片朗朗的天

亲爱的同学：

我为你的真诚坦率而感动，也为你“怕影响学习”的理智而感到欣慰，又

为你的“很不开心”而感到心痛。

如一首诗，朦胧得离奇，灿烂得耀眼；如一缕风，清新得心醉，飘驰得惊人，是青春轻轻敲响少年的心扉，悄悄拨动了你的心弦，这便是你面对的青春驿站。

青春期，对于像你这样十几岁的中学生来说，是一个完全陌生的情感世界，更何况你在一个新环境，在“孤单”的心境中，于是你惊恐不安，束手无策，其实很多人也有过你这样的矛盾和迷惘。这不要紧，只要去寻找。寻找既是为了解脱，也是为了拯救。正如乔达摩·释达多告别了那瑰丽的庄园，在漫漫苦行中，修炼出耀世的佛光。

东方诗哲泰戈尔说：“如果你因失去太阳而流泪，那你也失去群星了。”是的，获得是一种幸福，失去也是一种幸福，因为，轻启情感之门的你，该懂得珍惜心中的这一份纯情。过早开放的花，等不到收获的季节就会凋谢；过于稚嫩的心灵，还承受不了汹涌的激情；过早靠岸的船儿，更会失去远航的机会。让我们在心中留一片绿洲，且等我们拥有足够的成熟、理智与坚强时，再回眸看此时此刻的心动又何妨？现在要做的是抓紧时间学习各种知识，提高各方面的修养，感悟生活真谛。孤独是暂时的，我们没有时间停留在无谓的闲愁悲秋之中，去让自己“很不开心”。珍藏这份温馨吧，获得的会是恒远的回忆。因为，青春只是人生旅途中一个小小的驿站，心慌意乱之际，无论驻足等待或徘徊彷徨，青春都早已踏上前行的列车，毫不领情地独自远行。

让我们用坦然的心态去面对自我的变化，趁着青春年少去尽情拥抱生活，洒一把汗水，挺起胸膛，走过驿站——前面又是一片朗朗的天。不是吗，我的朋友？

你的大朋友：汪淑青

2003年2月18日

面对压力怎么办

心理问题：

步入中学，考上重点班后，发现同学们都很好，超出自己很多，小学时一直名列前茅的我感到了前所未有的压抑，心里很难受。他们会的我却不懂，觉得自己很笨，特别是最近一次考试考砸了，更是让我谈考试色变，仿佛是得了考试焦虑症，一听到考试心情就像掉进了谷底，我该怎么办？

汪老师信箱：

朋友，抬起你的头说——我能行

亲爱的朋友：

有人用三句话来概括现代人所应有的心理素质：“你真棒！”“我能行！”“需要我帮忙吗？”说的是作为一个现代人应该懂得欣赏别人，汲取他人长处——“你真棒”。同时，对自己有足够的自信，不妄自菲薄，相信自己——“我能行”。当然还要有团结协作的精神，多帮助他人——“需要我帮忙吗？”。

初中重点班应该是聚集了来自各小学的佼佼者，你能意识到他们“都很棒”，而不是沉浸在小学名列前茅的成绩中沾沾自喜、妄自尊大，这说明你已具备了第一个很重要的素质。

但你似乎走入了另一个误区，别人很棒，超出自己，怎么就说明你“很笨”，不行呢？正确认识自我是每一个人都必须认真对待的人生课题，树立自信、悦纳自我、建立自尊、完善自我更是人生走向成功的法宝。

从心理学的角度讲，当人感受到一种较大的压力时，会产生一种紧张、焦虑的情绪，这是正常的心理反应，但我们要能调节情绪，掌握焦虑的程度，使自己立于不败之地。

首先，我们要知己知彼。每个人都有长处，也有不足，应该怎样正确对待自己呢？是只看长处而自高自大、目空一切，还是专看短处而自卑自怜、悲观失望呢？我认为这两种态度都不可取。我们需要的是自信，面对优点与长处，你应该自信。从你小学时成绩名列前茅，你完全可以自信，你能行！看到差距与不足，你更加需要保持自信，正视自己，冷静分析，弥补不足，缩短差距，自卑、自责都于事无补。

其次，我们要经得起失败。考试考砸了，是常有的事。俗话说："失败乃成功之母。"可见失败并不全是坏事，重要的是失败后分析原因，找到根源，下次重新再来。要有从大处着眼的气魄和从小处着手的踏实作风。根据分析得到的情况，重新制订计划，去争取新的胜利。

最后，如果确实得了考试焦虑症，那也不必惊慌失措。我们不妨听一段优雅的音乐，跟随音乐的旋律，放松自己；也可以走进文学的殿堂，陶冶自己；还可以参加有意义的课外活动，释放自己。考试毕竟不是学习的目的，它只是学习过程中一个环节、一种手段而已，有什么值得我们焦虑的呢？

亲爱的朋友，让我们抬起头来，正视自己内心中的阴霾，用磅礴的浩气走出阴晦的世界，面对竞争压力，让我们大声对自己说一声："我能行！"

你的大朋友：汪淑青

2003年2月18日

教育叙事

轻轻敲醒沉睡的心灵

——我的两个后进生及一个高才生的故事

今年刚出榜的中考捷报，给了我12年的班主任生涯又一个由衷的喜悦和欣慰：

我所带的初三（2）班颖欣同学以881分的总分获深圳市中考状元！高出第二名近20分！

其他44名同学：700分以上16人，600分以上28人，全班每一个人都在600分以上，班平均分691.9分！高出深圳中学录取线（610分）81.9分。

学校把唯一的一个市优秀班主任荣誉给了我，我感激领导和同仁给我的荣誉，也感受到了沉甸甸的压力。

——引言

孩子，你并不笨（南南的故事）

刚接这个班时，你胖胖的样子就引起了我的注意。但我没有想到的是，当我提起你的名字，却引来了同学们不屑的哄笑。过后，我听他们说起你大大咧咧闹出的种种“笑话”以及你数学考分只得个位数的种种故事。的确，几天后，我就发现了你的“厉害”：你在宿舍因卫生习惯太差，已让生活教师不止一次向我投诉；你校服不配套，多次迟到，已让班级丢了不少分；上数学课你看小说更让科任教师摇头叹息……我不止一次与你交谈，你总是茫然地说：“我不是故意的，我就是这么笨……”

孩子啊，这个“笨”字，重重地敲击着我的心，我多次与你的父母电话联系，我暗中关注，多方留意，终于了解到你大大咧咧背后的原因，父母离异，又各自在外地工作，经济上你归由远在内蒙古的妈妈负担，生活上，你只能由年迈的爷爷奶奶代管，你自由而散漫的生活习惯由此而起。从你沉迷于秦文君的小说，我仿佛看到了你大大咧咧背后，心底隐痛的角落……

我一改以往正面批评教育的策略。那天，作文课上，我动情地念着你的文章，还夸张地对全班同学说："你们别笑南南，人家功夫在诗外，语文水平是一流的，也许班上中考语文状元就是南南。"我发现向来大大咧咧的你竟然满脸羞涩。那天，是你的生日，趁你不在的时候，我暗中让学生在黑板上写下："南南，祝你生日快乐——初三（2）班全体同学！"我看到你的眼眶里似乎噙满了泪水，听说你给妈妈打电话时说："班上同学对我真好，我怎么以前没有发现过。"是的，爱就是雨露甘泉，让你慢慢改变……

那天，下课后，你主动找到我，高兴地对我说，"老师，我又写了一篇文章，你帮我改改"；那天，你自豪地对我说，"老师，我真没想到我铅球能得第一，终于为班级争得了分"；那天，你不好意思地对我说："老师，我妈妈不在，这个志愿表签名请你帮我妈妈签……"

是啊，孩子，你并不笨！有了爱的雨露，长歪的小树同样可以成材！听说你现在在高中，不仅是班级劳动委员，而且是老师的得力助手，我的心中泛起一丝甜蜜。

"到了国外，才发现最难忘的是老师您"（俊俊的故事）

自从你走后，我因常常自责于教育的失败，而有一种难言的失落和感伤……

直到那天，你忽然来到我面前，我的心才得以安慰。一年多不见，你真的懂事了很多。你刚从新西兰回来就来找我。你说："到了国外，才发现最难忘的是老师您。"你还说要请我吃饭，有许多事要对我说，你的英语水平已很棒，各门功课都不错，总之，你的留学生活过得很不错。你说，真的很感激我……

作为一个从私立学校中途转来的插班生，你的"怪异"着实让我措手不及：你在同学的嘘声中，走进我班的队列；你长发过耳，染的是金黄色；你耳朵上的耳环，更让我惊奇，为了让你的发型达到学校规范，我没少与你"周旋"，也许你恨透了我的啰唆。

接下来的日子，你更是让我费尽了“心机”。

你在宿舍像个“老大”，值日不做，不管谁的床，倒头便睡；不管谁的东西，招呼不打，拿起来就用，大家都很怕你。

你在班上一声不吭，班级活动似乎与你无关，更主要的是作业不交，一上课就睡觉……

我一次次与家长联系，你的父亲对我道出了实情：为了工作，他在你小学三年级就送你上了私立学校，没想到自己事业有了成就，却失去了教导儿子成长的时机，你的“恶习”令他着实痛心，你在家几乎整夜上网，白天怎能不瞌睡？不让你出门，你就爬窗子逃出去；一千块钱，你不到一个星期就挥霍一空，他甚至试过用手铐来“对付”你。

这些，听得真让我心惊万分，但我一直没有放弃对你的努力。看你腼腆的样子，我真的不忍心你“坏”下去。

那次，我请你和班干部一起到我家做客，你似乎也受到了感动。

那次，我大力表扬你的英语水平有进步，你似乎也得到了鼓励。

我让你代表班级参加网页制作比赛，你虽然不“领情”，但我还是看得出你的触动。

你懒得排队，宁可吃零食也不吃午饭，我把你当作自己的孩子一样带进教工食堂，给你买好饭菜，你似乎也很感激。

你说，连父亲都讨厌你了，我听得想流泪，我告诉你，你的父亲亲口对我说，“汪老师，为了这个儿子，我什么都愿意做。”你似乎不相信，但你的眼里分明也掠过一丝惊喜。

因为我的苦口婆心，你的确有了不小的改变，但离我们学校的高要求还差得很远（因为你进来时就是试读生），你的数学考分只得个位数，大大影响了全班成绩。你更不应动手打人，只因为一时之气。

那天，我冒着大雨去你家家访，向来天不怕地不怕的你竟然吓得躲在房里不敢出来。我此次家访真没有别的用意，但你的父亲还是对我说出了他的决定：“汪老师，我知道，这么多年，这么多老师，你是最疼爱他的，我不会再让你为难。”我打过好几次电话催促你回来，没想到，你竟然去了国外……

“到了国外，才发现最难忘的是老师您。”你的这句话，让我久久回味……

你终于懂得了珍惜！

不让完美成伤害（晓旭的故事）

文质彬彬的你是令人钦羡的数学高才生，去年数学“希望杯”竞赛，你勇摘全国一等奖的桂冠。这更使你成了教师眼中的骄子，同学心中的小明星。特别是文科基础不是很强的你，英语水平也突飞猛进，进入英语培优班后，你还雄心勃勃，准备再夺第一。

你学习的自觉，你不甘示弱的拼搏精神，真的让我感到骄傲，我们常戏称你为“王博士”“王教授”，我还常用你的优秀来给那些只重视数学，不重视文科的同学以警醒。

但那天晚上的事却让我大吃一惊，也让我深深反省——

听说，英语培优课前，你哭了，你说，有时骑单车上学的路上，甚至想，如果出一场车祸，就能躺在医院休息几天……

我急切地找到你，本想开导你，但当我凝视着眼前的你：有点疲惫的身躯，有点发白的面容，我的心忽而有种刺痛。我知道，由于你的家庭条件并不是很好，因此，你比其他同学更懂事、更用功，而你的语文、英语基础不是很好，你便花了更多的精力。听说，有时甚至学习到十一二点钟，你真的很累……我心疼地拍拍你瘦弱的肩，说道：“孩子，歇歇吧，即使考不好，老师也不会怪你……”我有点哽咽，说不下去。后来我给你写了这一封短信——

“也许是老师殷切的目光，父母及所有人的期望，使你找不到后退的道路，以至于你的步履如此沉重……

“但是，孩子，我们不只羡慕成功者的辉煌，还看重失败者的自信和坦然，更看重能镇定自若面对失败的人。”

在变幻多端的社会里，不要用苛刻的完美来压抑自己，已成为健康人拥有的自我保护的方法。对于一个成长中的孩子来说，名次并不是主要的，你将来面临的竞争，不仅是能力的竞争，而且是心理素质的竞争。负重，已成为不少尖子生的心理误区，他们常常害怕从第一的宝座上掉下来，但担负着如此沉重的包袱，他们又怎能展翅自由地翱翔？

“心理学家给了我们三个法宝：认识自己、接纳自己、控制自己。”

“追求完美，讲的是一种心态，只要有一颗平常的心，其实就做到了完美，完美是人性的纯真，是童稚的自然，是心田的宁静和致远。别让苛刻的完美成为一种伤害……”

“卸下心灵的重荷，轻装上阵，即使得不到第一，你依然是最棒的……”

不知你有没有理解老师的话语。那天，听说你有点发烧，我从家里拿了几个水果，说是奖给班里最可爱的人；那天，我煮了八个鹌鹑蛋，加上一把红枣，说是给今天的幸运之星，大家异口同声地喊“晓——旭”，其实我知道那天是你的生日。我发现，你的笑容多了起来，在课堂上“活跃”了起来，还有不少“幽默”的话语在同学中传开……

有一位教育家说得好：只有当每一位同学都快乐时，我们教师才会快乐，只有这种快乐才是真正的教育的快乐。

是的，后进生需要我们的帮助，但尖子生的心理有时更脆弱，他们都需要我们教师细心地呵护。

我的宗旨是：一切从学生利益出发，让阳光照亮每一个学生的心灵。

（晓旭现在是美国布朗大学博士后。）

2005年9月

人生需要掌声

——汪淑青教育叙事

教育有时是一件很微妙的事，就像是一扇门，推开它，满是爱和阳光。

——题记

家长会前的哭泣（琪琪的故事）

家长会还没开始，琪琪就早早地来到班上，为班级做会前准备工作，我为她的伶俐和乖巧而高兴。可就在科任教师做学情分析的时候，几个女生悄悄地告诉我，她在楼道旁边哭了。我赶过去，正好看到她泪眼婆娑、泣不成声的样子，让我不禁一阵心酸，一种怜爱之情涌上心头。询问后得知，她担心成绩不好，回家后爸爸打她。我当即安慰她，保证她爸爸今天不打她。

在接下来的家长会上，我特意就孩子的教育方式，向家长做了指导，我讲到了苏霍姆林斯基送掐花孩子两朵花的故事。故事中，小女孩掐了一朵花，被苏霍姆林斯基发现了，于是就问小女孩为什么掐花，小女孩说要送给生病的奶奶，苏霍姆林斯基没有批评孩子，反而又亲自掐了两朵花奖励给孩子，一朵奖励孩子的孝心，一朵奖励培养了好孩子的好妈妈。家长听后反响很大，我又乘机表扬琪琪，夸她集体荣誉感很强、非常有礼貌、尊敬师长等，我暗中留意，琪琪的爸爸脸上露出了骄傲的表情。家长会结束后，她爸爸特地找我谈："由于平时忙于事业，对孩子关心不够，看到孩子成绩不好，就粗暴地对待孩子。今天听到老师这么关心孩子、欣赏孩子，感到很内疚，以后一定会配合老师，关注孩子，并表示以后不会再打孩子了。"

我欣慰地发现，从那以后，腼腆的琪琪脸上多了灿烂的笑。

这次期中考试，她在年级进步了48名！

的确，学生的成绩是夸出来的，而不是打出来的。

母亲节的短信（晓健的故事）

上周五下午我一来办公室，就有老师告诉我，学生处叫我去"领人"。这可是最让班主任着急的事，对于实验班而言，更是难堪——肯定是学生违纪了！

原来，上体育课晓健在球场上打球时，没穿校服，被保安叫到学生处，加上他的头发太长不符合规范，主任叫我去"综合治理"。

我看到晓健时，他正汗流浃背、满脸通红、无助地站在那儿，忽然我有一种心疼的感觉，仿佛自己的孩子做了错事似的。我连连向主任赔罪，保证一定教育好孩子。

回到我的办公室，晓健惭愧地看着我，仿佛预感着一场"暴风骤雨"的来临。我真的不忍心再批评他，于是换了一种轻松调侃的语气，很惋惜地对他说："你那么喜欢体育课，球打得那么好，现在却因为校服问题被叫回来，上不成了，值不值得？你长得这么帅气，这么有风度，可现在别人都只盯着你怪怪的头发，而忽视了你英俊的脸，岂不是太可惜了呀？……”

之后他很感激地主动表示，以后一定会注意，不为班级抹黑，不再让老师难堪。第二天他就把他最在乎的头发剪得短短的，因为我说了他帅气。

刚刚过去的母亲节我收到的第一条短信便是来自晓健的：“今天是母亲节，我在此祝汪老师节日快乐，笑口常开，青春常驻，阖家幸福！”

我想，其实作为班主任，不一定要做什么惊天动地的大事，一次真诚的表扬，一句鼓励的话语，一个赞许的微笑，一个心痛的表情，足以让一个遭遇失败的学生激动许久，甚至影响他的一生。

通报表上的留言（彦彦的故事）

“有着烂漫童心的你，是那么活泼，那么乖巧，那么善解人意，为同学们带来欢乐与美的享受，你聪慧、内秀，既文静又开朗，既多才多艺又大胆自信，很有大家风范。认真、执着是你最大的优点，正直、善良是你最好的美德。敢于发表自己的见解，大方、坦诚，做事认真，学习刻苦，深得老师和同学们的赞赏。我一直关注你的一点一滴，因为你是老师的好学生！”这是我写给彦彦的评语。遇上这样高素质的学生真让人庆幸。

更让我感动的是她母亲每周在通报表上写给我的长长的留言——

汪老师：

您好！

很感谢给予我这么高的评价，我感觉不好意思，有很多方面做得还不够，希望能和孩子共同进步，其实这种沟通方式真的很好，能让家长知道孩子在学校一周的具体表现，也能让老师清楚孩子的家庭教育情况，让我们有机会动手写写文字，要不然，用电脑、手机多了，很多文字都不能很好地运用。我每次写完都叫彦彦帮忙看看有没有错别字，标点用得好不好，给她一个信息：人无论处在什么地位、什么情况、什么年龄都要好好学习，认真负责地做好每一件事，要兼顾并进，不让自己的信仰迷失，理想破灭，不要因为自己的努力而陷入一种深深的无奈和双重的负疚心理之中。

今天开家长会又一次让我体会到老师们对工作的热忱和无私，对期中考分析得很细、很全面，科学合理地向我们家长展示了孩子的情况，心中的踏实感倍增。令人高兴的是，彦彦爸爸刚好有空，可以一起参加家长会。彦彦知道我们很重视，已能读懂父母的目光、言语和行动，成长的路上不寂寞。我们那颗期待她健康成长的真诚的心不会因为时间而改变。

家长：侯女士

汪老师：

您好！

9月30日彦彦请假参加台胞“迎国庆，迎中秋”的活动，这是市里每年必定举行的两次活动之一（还有春节），与会人员都心情愉快，新老朋友欢聚一堂，倍感亲切、幸福。彦彦参加过一次后，已学会很多礼仪，席上表现得优雅得体，懂得尊重前辈，善待同龄人，希望她随着年龄的增长，能做到“方圆做人，圆满做事”……

长假期带彦彦去了趟阳朔（我们俩以前去过，此次是特意陪她去的）。让她好好领略生活中的一幅百里画卷——奇峰夹岸，碧水萦回，削壁垂河，青山浮水，风光旖旎，在奇山秀水的美丽风光中，她首次欣赏到了田园风光，首次近距离认识到黄绿相间的水稻，首次“仰望”到香甜可口的板栗，等等。另外，她还吃到了香喷喷的农家鸡，绿油油、嫩嫩的青菜和很多绿色食品。这一切都让彦彦开心不已，同时给我很强烈的感觉——孩子能接触大自然的机会真是太少了。“田园风光”对他们来讲很多时候是个抽象的概念。虽然很多地方我俩去过，但为了陪孩子去，我们还是乐此不疲。

家长：侯女士

汪老师：

您好！

星期三彦彦参加社会实践回来很开心，虽然脸被晒得红扑扑的，累得气喘，但是直喊收获大，看着她兴奋的样子，觉得孩子真是慢慢长大了，能力也加强，甚感欣慰。星期二晚上，准备随身的旅行包（简直是“美味之包”），边整理边说这个多带点，那个多拿几个，好让同学们也尝尝。还会带上一小包“创可贴”备用。时时都想着同学，我很高兴。虽是小事，但处处有关爱他人的思想，不自私自利，这是值得坚持和发扬的……

家长：侯女士

每次都写这样长长的文采斐然的留言，对于一个专栏作家来说也不是一件容易的事，但她只是一个执着的母亲，一个关心孩子身心发展的家长。家长，是孩子的第一任教师！这样执着的家长背后，便有了彦彦这样一个让我骄傲的学生。

我不禁想对世上所有的人说："人生真的需要掌声！"如果你为人父母，那么给你的孩子以鼓励的掌声吧！尽管今天的他成绩还不够好，可你的掌声会让他的心情愉快舒畅，会给他自信，下次会做得更好。如果你为人师长，那么给那些还很落后、不招你喜欢的学生以掌声吧！在你的掌声和微笑中，他会懂得进步的乐趣；如果你为人领导，那么给你的部下关注和赞美吧，有你的支持和理解，再多的辛苦和劳作都会让他心存快乐……

人生需要掌声，教育应当是一扇门，推开它，满是爱和阳光。

2007年5月16日

请给我你那好品质

——汪淑青班主任工作笔记

"天空不留鸟的痕迹，但我已飞过"，几个平凡的教育故事，让我欢喜让我忧。

一、大题小做

11月15日　晴

政治老师找到我，说她放在抽屉里的1000元钱不见了，怀疑是我班的晓舒拿了……

这还了得！连我都无地自容了。这可是我当班主任以来学生犯的最大错误，我忍无可忍！

我与政治老师一起用巧妙的办法让她把钱还了回来，接下来就准备狠狠地处理这事。

首先，她是刚从别班转来不久的学生，我有理由说“试用期”不合格，退！其次，数目较大，完全可以上报学生处“处理”她，省事！更主要的是，我班为全年级优秀班级，岂能容忍这样的丑事发生？干脆……

我向她原来的班主任了解到，她在原班时就发生了几次拿钱（数额400元，700元不等）的事，大家怀疑她，但又苦于没证据，她已为同学所不容，家长才想办法让她转班的，没想到刚来我班又“下手”了……

我给家长打电话，她妈妈连连道歉，说为此请心理医生都花了1000多元。她妈妈晚上又打电话给我，竟然哭了，说是为她请假，因为她爸特别伤心，狠揍了她一顿，明天决定再带她去看心理医生，还联系了派出所的熟人，准备带她去，算是吓唬她，真是没办法了……

我的心不由沉重起来，感到隐隐作痛，这是一个家庭的伤痛啊，我哪还忍心再说什么……

但我就不能帮帮她，挽救她吗？想起她每天都那么热心，往教师办公室跑，那么乖巧的女孩，就这样毁了吗？

班主任的责任使我选择了“大题小做”，我要试着改变她！

第二天，学生报告我说她没来上课，我没事似的说她请病假了，并叫她同桌把当天的有关学习内容及作业用一张纸记下来，让她读初二的姐姐转交给她。

两天后，她回到班上，我看到她脸上还有伤痕，真不忍心再指责她，我和她谈了很多，两人都流泪了。后来她主动给我写了一份检查“……我见什么都好奇，心里就想拿……真的对不起，来这个班后给你添了这么大麻烦，真的很对不起，我以后再不会做那些丢脸的事了，请给我一段时间改正。”

我还能说什么呢？为了一个家，为了爱，我选择了“大题小做”。

二、小题大做

12月7日　晴

今天的语文课，学生的一句“老师好”，我让他们喊了两遍！并且其间让全班站着“酝酿”了几分钟，原因是他们第一遍喊的时候声音不够大，不够有朝气，不显班威！我说要喊到老师满意为止，这样一强调，第二遍声音就几乎震耳欲聋了。我也模仿他们的音调，回了一句“同学们——好”，大家都笑了。“不是你不行，而是你不为！”我说，大家似乎有了成就感！

我又趁机进行朗读训练，专挑那些声音小的学生一个个朗读课文，我说，直到我满意了才能坐下，于是大家都提高嗓门，有模有样地朗读！有几个朗读时声音不大的学生，我让她们读了五遍！最后再让几个不过关的学生到讲台上，齐读！直到全班都认可为止！我说，以后课堂发言都要这个效果，否则一个也不放过！

其实，真正的导火线，是昨天的“罗外杯”政治竞赛课。当时我去听了，学生们思维活跃，发言积极，受到听课教师的好评。但作为班主任，有一点我很不满意，就是由于场地大，不少学生发言时，声音不是很大，我坐在后面都听得不够清楚。这虽然是个小问题，但是我觉得，确实有必要小题大做一番！

我说，那么多老师选我们班上公开课，这是我们班的骄傲！但如果声音不够大，即使再精辟的观点别人听不清楚，又有什么意义呢？我要求全班同学必须用最大的声音回答问题！

为此，我“牺牲”了自己的一节语文课。但小问题，见大气势！值！

三、表扬与自我表扬

11月24日　晴

今天的校运会上，我班在30人的趣味接力赛中获得了年级冠军，全班为之欢呼！趁着午饭之前的空余时间，我和大家一起背诵刚学过的《观沧海》（曹操），当学生们读到“幸甚至哉，歌以咏志”时的那种豪迈之情，几乎是喊出来了。我们又乘兴唱起了班歌《真心英雄》，这种难得的激情，让学生们久久不能平静。

于是，我又提议：平时为了严肃班风班纪，我们不得不做批评与自我批评。今天大家高兴，来一次表扬与自我表扬吧！看你们55个同学，多可爱！但你们的优点，肯定还有很多是老师和同学没有发现的，多可惜，来，拿出纸来，每个人给自己做一次大大的表扬。

学生们写的自我表扬让我收获甚丰，甚至忍俊不禁。学生们无拘无束的表白，闪烁着个性的光彩，也让我从不同侧面对班上的学生有了更全面地了解！我甚至看到了一些学生与平时截然不同的一面。

平时话不多的健铖写道：“我帅呆了，电脑超级棒……”

学习优秀的婷婷写道：“我超聪明，特聪明，暴聪明；我很爱笑，特别非常喜欢笑，超级无敌喜欢笑……”

憨厚单纯的家蔚写道：“我从来不浪费粮食，非常孝敬老妈！”

活泼好动的俊豪写道：“我踢球时，总能给队友带来快乐！我在家里经常帮家长做内务，我自我调节能力很强……”

平时文静秀气的彦彦写道：“我A^+很多，特别多，超级多；我很好人，超好人，非常特别超好人；我是个‘开心果’，超大个！哈哈！天天快乐！！”

家长会上，我把学生们的自我表扬给家长看，家长们也很高兴！

好！

四、请给我你那好品质

12月5日　晴

今天收上来的作文，给我带来了意外的收获。

我的初衷原是半命题作文训练：“请给我__________”，但从学生丰富多彩的作文立意中，我看到了学生们细腻、真挚的内心世界。

“请给我一个成功的手势”“请给我一道彩虹”“请给我一抹微笑”“请给我从头再来的机会”“请给我一片属于自己的天空”“请给我一颗平静的

心”“请给我你那好品质”……

学生们用热情、真情编写的美丽文章，让我感动。

子越同学的“请给我红旗”更是让我惊喜！他写道：

“……刚开学的时候，老师制定了一个‘我选择，我承担’的德育考核红旗榜，其规则是表现好、受到表扬的同学加红旗，表现不好、受到批评的同学加黑旗。全班同学的名字都在上面，我们全班要来个大比拼，看看谁是班上最好的学生。

“众所周知的是，谁都想要那光彩的红旗，谁都嫌弃那令人厌恶的黑旗。因为红旗是好学生的象征，你一定要有好学生的榜样和纪律才能得到红旗，得到它要处处做好，才有资格。而我……说来惭愧，大概属于大错不犯，小错不断的那一类，让老师操碎了心，唉！”

“那天下午我来到学校，看到红旗榜旁围了一大群人，我也去凑热闹，结果同学们一看到我就哈哈大笑。我竟然得了这么多黑旗，心中一阵不爽。有几个同学凑上来开我玩笑，说‘好好干啊，黑旗手！’我听后感到非常不爽。”

“我也想把这些臭毛病改掉，可是又一直下不了决心，所以拖了很久。可我真的很想变好，获得红旗，我知道这代价很大，但为了变好，再大的决心也得下啊！要想停止犯错误，就应把根源，连根拔起。我要以我的表现让老师和同学相信我，不是请他们给我红旗，而要让他们主动地给我红旗，只有让他们坚定不疑地相信我，我才能获得红旗，才能在班上成为优秀学生，好学生！……”

想起开学初的家长会，他妈妈跟我说这孩子多动，小学几乎常被罚站到讲台上课，我感到很心疼，我想我不能再罚他，所以每次听到同学投诉他，我都暗中交代，他年龄小一点，你让他一点，他还是很聪明的。我还多次在全班表扬他单纯、聪明、可爱！我喜欢这样的孩子！

的确，孩子调皮确实让人操心，有可能会给班级常规评比扣分，但这其实并不可怕，最重要的是——请给我你那好品质！

（子越后来考上了英国帝国理工学院）

（本文获学校论文评比一等奖）

2005年12月8日

教育——让我欢喜，让我忧

今年教师节那天，我收到了留在本校的22位学生签名的贺卡，封面上赫然写着“五班，您最疼爱的一班”。看着“疼爱”二字，我的心里有说不出的滋味——既有感动，也有酸楚。

酸——知我者谓我心忧，不知我者谓我何求

今年中考，我班作为一个平行班，中考成绩在同类班级名列第一，600分以上的学生有11人，超出指标的学生有4人，总分平均551分，超出21分，其他各科都超出10分以上，比起刚接这个班时各科倒数第二的成绩，这样的成绩算是可喜的了，按理可以心安理得，彻底放松了。可是，说实话，今年暑假却是我最难熬的一个暑假。虽然原因不少，但有一点最让我忧虑的是，我班的晓骏中考失利，由毕业考试时的12名下降到倒数，才477分，而他除了罗外，其他志愿都是空白，知道分数后，就急病了，打了几天吊针，真是可怜。我也感到特别焦虑，他是我班的副班长，又是五星级宿舍的宿舍长，为班级立下了汗马功劳，我不能不管啊。在他不知情的情况下，我为他打了不知多少电话，跑了多少趟校长办公室。可是陈校长为避家长走后门已经“躲”走了，怎么也联系不上，我真的有一种心急如焚的感觉。直到一天傍晚，我从学校路过，看到陈校长的车停在那里，连忙上去找，但为时已晚，因为正式录取基本结束。但陈校长还是答应学校出面试试，但要等，我急忙安慰晓骏，叫他不要担心，会有办法的。而我自己却一直牵挂着这件事，真的有种心痛的感觉，即使回到老家后也感到心里不安，急着回来。难怪我家里人讲我：自己的孩子也没见你这样操心，都已经毕业了还放不开，要愁到什么时候？以后别当班主任算了。那段时间，我既有一种人微言轻的无奈，又有一种爱莫能助的酸楚。幸好，陈校长让

他圆了读罗外的梦；幸好，我的学生读懂了我的疼爱。

同样的酸楚来自一位家长的三句话。他是我班初二时大名鼎鼎的晓标的家长——

“汪老师，单位里四千多人我都轻易搞定，唯独这个儿子用手铐都没办法。”这是他儿子转来不久，他对我说的大实话。

“汪老师，这么多年，这么多老师，只有你是最疼爱他的，我不会再让你为难。”这是他想让儿子正式转进来却又碰壁后，对我说的真心话。

“汪老师，我真的很累……”这是他辛辛苦苦为儿子找了一所所学校，而儿子却不愿再去读时的伤心话。

就因着这三句话，我常常有一种沉重感，我常将他说的第三句话对班上的学生讲：知识就是金钱，你们知道，如果不努力，一年后，更累的将是你们的家长，你们知道联系一所学校有多难吗？

也因着这三句话，在进入初三后，不少学困生有的休学、有的转校，我却不忍心让我班任何一位学生再转走。我想，宁可一分钱奖金不要，也要留住第二个“晓标”。每当这时就有点悲凉的感觉。但是后来还是走了两个，一个是语文成绩第一的晓珏，随父母移民加拿大；一个是英语科代表、总分前十名的晓妮，随父母移民澳大利亚。无可奈何花“飞”去，人家走了学困生，我班走了优秀生，叫我如何不心忧？

甜——幸福其实很简单

教师节后的星期天，原五班的一群学生找到我家，热闹得让邻居都嫉妒。有一个学生自豪地告诉我：“老师，我现在所在的班，有我们五班的风格，上周评比得了高中组第一呢。”如果说二十多人签名的“疼爱”让我感慨不已，这“五班的风格”却着实让我感到幸福无比。真的，幸福其实很简单，也离我们很近，它就藏在大家的心里，是辛勤努力后的收获，是真情付出后的回报，是师生、亲人、朋友之间流露出的那一份自豪。

当我听到曾经有点傲气的晓畅由衷地告诉我“老师，要是你早点教我就好了”的时候；当我看到曾经大大咧咧，受我批评最多的南南，就因为我暗中叫人在黑板上写下“南南，祝你生日快乐！”而感动不已，从此只让我代替他远在内蒙古的妈妈签字的时候；当我听到操场上，有素不相识的女生亲切地叫我“汪老师”，然后又悄悄地告诉我“我们是晓标的朋友，他叫我们向你问好，他说想你”的时候；当我听到家长满意地告诉我“你这么负责的老师实在难得，小孩很喜欢你”的时候；当我看到接手时成绩倒数第二的五班，获得了常规评比和中考成绩双丰收的时候。我就有一种骄傲，有一种快乐，有一种幸福！是的，幸福！是他们充实了我的每一个日子，是他们姿态各异地走进了我的心灵深处，让我欢喜，让我忧！真的，不要吝啬，不要犹豫，多给自己一点幸福的理由，你会发现，幸福其实很简单。

2002年9月

一周情况通报，架起家校沟通的桥梁

班主任经验交流

我的一周情况通报内容，包括以下六个部分：

（1）班级情况通报：班主任向家长通报一周以来班上主要活动以及本周考试成绩回报，学生自我通报自己在活动中的表现及对成绩的自我评价。

（2）同桌评价：由同桌将你本周学习及生活上的种种表现分条具体向家长汇报。

（3）组长评价：由组长将你本周学习及值日情况向家长汇报。

（4）班主任点评：主要针对同桌评价或组长评价中的重要问题做点评或强调，最后盖章确认。

（5）与你分享：针对班里班情和学情，分享励志故事或心灵鸡汤。

（6）家长反馈：学生带回家由家长签名，并对学生在家情况做反馈。

每到周五下午，我最忙的事情便是逐一阅读学生的自我评价、同桌评价、组长评价，并点评确认。

每到周一，我最大的收获便是逐一阅读家长的反馈，并整理出班会的针对性内容。

下面摘选几条家长的反馈，看看家长眼里的孩子、老师及家长会。

家长眼里的孩子

汪老师：

你好！

这一周毓雯每天早上六点十分就起床了，看她睡得那么香，我想让她多睡会儿，她说："不行，我绝对不能迟到，迟到会扣班分的。"我这才了解，往日唯我独尊的女儿有集体荣誉感了。我真高兴！孩子有了集体观念，有利于培养她的团队意识，有利于培养她的责任感和上进心，融到集体中，和同学互相帮助，团结友爱，为班级贡献自己的力量，孩子从中会得到很多乐趣，同时也锻炼了自己。

特别是星期五那天，毓雯感冒了，我看她又是发烧，又是流鼻涕的，就问她能行不？她说："没事，我能行，我还要值周呢！"我目送她顶着寒风，迈着沉重的脚步朝学校走去，觉得女儿似乎一下子长大了、坚强了，也学会担当了！

谢谢老师！

家长眼里的七班老师

汪老师：

你好！

今晚我和孩子一起在学校参加家长会，也和一些家长谈到孩子的在学校生活，我们共同的心声就是庆幸和感谢。作为家长，我们非常满意。

孩子的班主任汪老师有责任心，有耐心，有方法。我的孩子原来不喜欢语文，现在对语文特有兴趣，我衷心地感谢汪老师。

孩子的数学教师罗老师、英语教师李老师、科学教师龚老师、历史教师汪老师，都很有活力，对孩子的学习要求非常严格。这些老师特别好，我们家长都这么说。而且在这次期中考试中班上取得了很好的成绩。初一（7）班的学生个个都这么优秀，这么好的老师，这么好的班级。

再次感谢罗湖外语学校的领导和老师。

祝老师身体健康！

家长眼里的家长会

汪老师：

你好！

还记得第一次家长会主题是“一切皆有可能，态度决定一切”，本周家长会主题是“每朵花都有绽放的理由”。我们由衷地感觉“罗外初一（7）班是一个光荣的集体”！因为有优秀、健康的孩子，又有博爱胸襟、勤奋敬业的老师，还有注重孩子教育、尊敬老师的家长。

本次家长会让我们对各科任课教师有了一些认识。教师个性鲜明，勤奋努力，目标明确，教学经验丰富，尤其重要的是都对学生注入了极大的“爱”。我们很荣幸地成为初一（7）班的学生家长，我们将尽力配合学校教师工作，共同培养孩子的全面竞争能力。

汪老师的脸上充满了骄傲和自豪，看得出来，她对自己的学生很满意、很自豪。同时对每位学生又给予了更高的期许和希望，而且满怀信心。看您在介绍学生时的样子好像是在享受，您对家长也满口赞许、表扬和认同。我想这是一种“大爱”，有您这样的班主任，我们很幸运！我们很走运！……

以上是一周情况通报表，架起了我和学生及家长之间沟通的桥梁！

2012年10月

把握生命里的每一次感动

——班级每周一歌的意外收获

歌曲，就是插上音乐翅膀的诗，本学期的每周四最后一节语文附加课，我让全班同学学唱一首歌，本意是让学生从优美的歌词中积累一些诗意的语言，没想到却得到意外的收获。现在我们已基本形成了班级每周一歌文化特色。每当学生有喜欢的歌曲，都迫不及待地向我推荐，每周四最后一节课成了继周一常规班会后的又一次文化盛会、精神盛会。

班歌嘹亮，真心英雄

在我心中，曾经有一个梦/要用歌声让你忘了所有的痛/灿烂星空，谁是真的英雄/平凡的人们给我最多感动/再没有恨，也没有了痛/但愿人间处处都有爱的影踪/用我们的歌，换你真心笑容/祝福你的人生从此与众不同/把握生命里的每一分钟/全力以赴我们心中的梦/不经历风雨，怎么见彩虹/没有人能随随便便成功/把握生命里每一次感动/和心爱的朋友热情相拥/让真心的话，和开心的泪/在你我的心底流动。

将《真心英雄》这首歌定为班歌已有一年多，我们在歌咏比赛上唱、在班级运动会获奖后唱、在快乐的时候唱、在低谷的时候唱……把热情和激情释放出来，把信心和希望唱出来，形成一种氛围，一种文化，一种班级凝聚力，一种永不言败、永争第一的班级团队精神！

感恩的心，感谢有你

我来自偶然，像一颗尘土/有谁看出我的脆弱/我来自何方，我情归何处/谁在下一刻呼唤我/天地虽宽，这条路却难走/我看遍这人间坎坷辛苦/我还有多少爱/我还有多少泪/让苍天知道/我不认输/感恩的心，感谢有你/伴我一生/让我有勇气做我自己/感恩的心，感谢命运/花开花落/我一样会珍惜。

很美的音乐，很美的歌词，一遍又一遍地听，一遍又一遍地唱。

我的周一主题班会“学会感恩”，学生们有自己真情的流露——

美莲同学流着泪给我们讲了妈妈对她的呵护：“珍惜自己的生命，用一颗感恩的心去面对生命中的坎坷辛苦，无论多大的风雨，她都可以勇敢地去面对，永不放弃。是的，我们生活在这个充满爱的世界，是一件多么值得感恩的事情啊！”

晓强同学发挥了他的演讲天赋：“生命是如此的珍贵，我们要感激父母给了我们这一次生命，让我们能来到这个世界活过一次；感谢老师，教给了我们知识，让我们成为一个有用的人；感谢朋友，给了我们友谊，让我们在生命的旅程中不再孤独；感谢坎坷，让我们在一次次失败中变得坚强；感谢敌人，让我们有机会不断完善自己朝前进步……”

是的，让我们都用一颗感恩的心来好好生活。

感恩的心，感谢有你，伴我一生，让我有勇气做我自己……

感恩的心，感谢命运，花开花落，我一样会珍惜……

懂得珍惜，生活便多了一份诗意！

隐形的翅膀，让梦恒久比天长

每一次都在徘徊孤单中坚强/每一次就算很受伤也不闪泪光/我知道我一直有双隐形的翅膀，带我飞，飞过绝望/……我终于看到所有梦想都开花/追逐的年轻歌声多嘹亮/我终于翱翔/用心凝望不害怕/哪里会有风就飞多远吧/隐形的翅膀让梦恒久比天长/留一个愿望让自己想象。

推荐这首歌的学生叫雨倩，是班上的“才女”，她是一个多愁善感的女孩。正是从她极力推荐此歌时的执着言语中，我开始走进她细腻敏感的内心世界。

看到她的作文《让生命与感动同在》：“我一直那么感谢，感谢有你。还记得你陪着哭泣的我绕着操场走吗？还记得你像朋友一样解开我的心结吗？还记得你高兴地告诉我这次我的成绩有所提升吗？还记得彼此之间最爽朗的笑声吗？我都记得，老师！您是我在茫茫白雪中的一束阳光，温暖着我，教我保护自己，教我体谅他人，教我学习，教我感恩。因为有你，我的冬，很暖。对于世界来说，您只是一个平凡的教师；对于我来说，您是全世界……”我不能不感动于她的真诚善良，一个来自单亲家庭的细腻而又敏感的女孩，一个渴望关爱而又忧伤的女孩，我欣慰地看到你“终于翱翔，用心凝望不害怕”，看到“所有梦想都开花，隐形的翅膀让梦恒久比天长”。

就在今天，让你我梦实现

不曾记得梦想开始在哪年/却知道它伴我走到今天/多少次茫然不知向何处/多少次几乎触摸到梦的边缘/春去秋来过了一年又一年/忽然看见了一道彩虹在眼前/是真是幻不敢相信我的眼/多年梦想实现就在一瞬间/就在今天让你我梦实现/按不住我加速的心跳/忍不住我放声呼喊/就在今天就在这一瞬间/登上绚丽舞台告诉世界/证实我的宣言/有过同样的秋天/天空从未如此蔚蓝/多少童年的信念/一直燃烧到今天/就在今天让你我梦实现。

“梦想中国”这首主题曲，我很喜欢，它激发了我的热情，听了让人有一种奋发向上的力量。当班长静怡推荐这首歌的时候，我惊喜于自己的慧眼识英才，心有灵犀一点通。

听听静怡的推荐词：“每个人都有机会，看你会不会抓住，我想我的梦想会实现，也祝愿所有的人实现自己的梦想，抓住机会，不要放弃。就在今天，让你我梦实现！”我想，这比我苦口婆心的思想教育有效得多吧。

为配合每周的德育主题，我们还陆续选唱了周华健的《朋友》、满文军的《懂你》、韩红的《天路》、刘欢的《从头再来》等歌曲。

评估期间班级画框的励志名言，选用的就是莉婷同学推荐的歌曲《爱因为在心中》的一句歌词：“有种无声的语言教我不退缩，要坚持着信念。”

诚然，这是一个最立体、最鲜活的时代，那些梦想深厚而真实。重温回味那些精神上的愉悦，“唱出心中涌动的旋律，绽放脸上灿烂的笑容，就在今天，就在这一瞬间，要用所有激情感动世界，我的梦不改变，生命从此开始改变”。

把握生命里的每一次感动，和亲爱的朋友热情相拥。

2006年12月

我的“坏”孩子

——汪淑青教育叙事

我的“坏”孩子小君，似乎“恋爱”了。

他恋上了手机，不顾时间、地点地恋上了，我和他的妈妈沟通后，他妈妈晚上便“收藏”了他的手机，谁知，他第二天就拒绝上学，结果他妈妈一大早等着上班，他却死活不起床，他妈妈只好硬着头皮给我发来短信：孩子不舒服，今天请假一天。可是小君装病一上午后，耐不住寂寞，中午溜出家门，不知所踪，急得他妈妈团团转，似乎十分后悔“收藏”了手机，以至于联系都联系不上，只好再次硬着头皮给我打电话，让我帮她找找班里和她儿子关系密切的同学的电话，让他们帮忙寻找她儿子。就这样我和小君的妈妈经历了他失踪一下午的纠结和焦虑！直到下午放学，小君才被同学在学校对面的小卖部发现，他妈妈悬着的心终于落地，从此“不敢”提禁手机的事，我也心有戚戚，因为我实在承受不起人家儿子“失踪”之痛。

手机事件，让家长的软肋完全暴露在小君的眼前，却给他自己收获了“爱情”。

小君“失踪”的那天傍晚，在小卖部发现他的正是我班非常刚烈的晓颖（上次德育论文已经写过她，就不再累述），她大概看到我一下午不时地找班上几个男生，隐隐地知道事情紧急，于是发现小君以后马上“仗义”（这并不奇怪，大凡在老师眼里难缠的主，在同学那里却往往会显示其“仗义”的一面）地安抚他，联系他妈妈，并陪伴他回家，她的这个台阶对小君来说，实在是雪中送炭。

从此，他看晓颖的眼神不一样了，给她买水，给她带早餐，上课故意迟到只为从她的旁边擦身而过，隔着位置给她使眼色甚至说话；晓颖也焕发出前所未有的“活力”，得意地吃着他给的早餐或零食，有时还用发嗲的声音在班里卖萌，再也不怕几个玩得好的女生孤立她了。

终于有一天，趁着科学教师组织“一帮一”的当儿，他们直截了当地搭档了，据说她管他比老师管得还紧：快写作业！不要说话！其实她课堂上冒出的这些话已经让周边的人感受到噪声了，以至于一有空就坐到一块，美其名曰：帮他学科学。

当他们隔着座位的搭讪让周围其他同学比较难以忍受的时候，我做出了一个算是冒险的决定：干脆让他们同桌！因为据说拆散“情侣”的最好做法，就是让他们零距离，我以为他们不久就会将各自的缺点暴露无遗，以至于互相厌倦。但是这虽然缓解了他们噪声上的危害，却让他们的“活动”转入抽屉，大有让科任教师不堪入目之嫌。

于是，这个学期一开学，我便当机立断——拆开他们，这点晓颖倒是很配合，因为她成绩较好，感受到了学习的紧迫，早已看不惯小君无所事事的样子，并感到帮他也无济于事，所以很想和一个成绩好的同学同桌。换位的时候，小君除了脸色阴沉，倒没有过分的表现。

只是周一升旗的时候，他无故缺席，我问他原因，他冷冷地说：“不想参加！”我带他到走廊批评教育，正好级长路过，说：“不想升旗，那也不用考试呀？”后来我算是找了个很好的台阶给他下：“你就站到教室里对着国旗肃立10分钟，算是补回升旗仪式吧。”其他两位同学照做了，他却赖着不动，过一会儿，打电话给妈妈，说肚子疼要回家，我接过电话，和他妈妈沟通，这才知道是因为座位的事。

我说先考完试再说，没给他开请假单，但他硬是跑到校医室，蒙混过了校医，让校医给开了请假单，直接缺考出了校门。

眼睁睁地看着儿子缺考，做妈妈的妥协了，打电话告诉我：和他谈了很久，说如果你表现好，也许我还能帮你请求老师，看有没有机会坐回去……

但我并没有看到他表现好起来，反而变本加厉，视我为陌路，连叫都不叫我，消极怠学，天天黑着脸，一副苦大仇深的样子，还故意迟到，故意不写试卷，故意不去体能训练，所有的理由都是胃疼，因为他确实有胃炎……

据英语教师说，因为他没写作业，批评了他一下，他也视她为陌路，这孩子怎么这样小心眼呢。

可怜天下父母心，小君的妈妈说，为了儿子她操心得都失眠了，真是身心疲惫，很怕接到老师的短信：肯定是儿子又违纪了；很怕接到儿子电话：肯定是“生病”要接回家……

这是一场没有硝烟的战争，我的“坏”孩子，用上了他的杀伤力最大的冷兵器：我只要一管紧他，他就消极怠学，甚至装病逃避上学……

僵局在那一天被打破，因为我给班里个别同学微调桌位，他一改连日来不理我的冷漠，下课后和晓颖一起来找我，说要恢复和她同桌。唉，与其树敌，不如给个台阶吧，我和他约法三章：必须打起精神冲刺中考，不许不交作业，不许上课做小动作，他都答应了。

现在，这个“坏”孩子又露出了笑容，有时走到我后面，还会调皮地拨弄我的头发，做个鬼脸，模仿老外的口吻：“你——好！”课间体能训练他也能坚持下来，上课基本没再迟到，但是他的学习态度实在让人不敢恭维，他已不是消极怠学，而是真的无心学习，因为家里的条件，他以出国作为后路。

孔子云：“饱食终日，无所用心，难矣哉！”连孔大圣人都拿这号人“难矣哉”（难啊，没办法了），看来，教育真的不是万能的！我有几次走到他面前，敲敲他的桌子，或者拍拍他的头：“小伙子，出来混总是要还的，‘饱食终日，无所用心，难矣哉！’”他抬起头呵呵笑，对我做鬼脸，模仿老外的声调：“你好！”我忍俊不禁，其他同学也笑了。伸手不打笑面人，看来他还有点小聪明，如果忽略学习成绩，他还是挺可爱的。

唉，还是借用一下阿Q精神胜利法吧：有了笑容，总比看着他每天苦大仇深的样子要好，但愿“坏”孩子总会有乖起来的一天。

（小君现已在美国留学，不知道美国那边学校的教师如何对待这类“坏”孩子。）

2014年3月

聚焦中考

雄关漫道真如铁，而今迈步从头越

——中考总动员班会课

【指导思想】

“缺乏目标的努力是难以持之以恒的。”只有确立目标，多督促、多鼓励，学生才会获得较为持久的动力。

【班会目的】

针对本班学生比较团结，在年级、学校的各项评比中奋勇拼搏、勇创佳绩的实际情况，鼓励学生发扬优点，在学习上不甘落后，敢于和自己比、和别人比，使学生做到最好，争取初三学年再接再厉，奋力拼搏，考出好成绩。

【班会时间】

2002年2月。

【班会地点】

初三（5）班课室。

【实施过程】

（1）布置写周记“给今天起个好名字”。

（2）从周记中挑出一些典型事例读出，并让学生讨论：最后一个学期如何合理地安排复习内容，提高复习效率?

部分摘录如下：

晓柯：生活作息时间合理安排。各科均衡发展，学好每一门功课，做好自己的每一项作业，用辛勤的付出，走好人生的关键一步。

书珊：各门功课复习时间、复习内容应讲究科学效果，生活规律，有条不紊。许多同学是搞疲劳战术，废寝忘食，挑灯夜战，突击复习功课，试图用减少睡眠和文体活动的方法来增加复习时间，殊不知大脑在超负荷运转时，势必会经常处于疲劳状态。久而久之，大脑功能失调，表现为疲乏无力，记忆力下降，注意力分散，学习效率自然降低。因此，复习功课一定要合理安排、劳逸结合、张弛有度，并进行适宜的室外活动。

霄山：保持心情舒畅。不少同学考前心理负担很重，这样会影响成绩，我们要做好各种思想准备，提高应试的心理能力。

晓琳：注意运动。健康不佳，会影响大脑功能的正常发挥和脑力劳动的效率。长期静坐伏案学习，活动不足，会使器官功能减退，容易导致消化不良、神经衰弱等疾病。因此，无论学习时间如何紧张，都要合理安排运动时间。

鸣山：不要“开夜车”复习功课。临近考试，不少同学采用“开夜车”的方法复习功课，这是一种得不偿失的笨方法，非但不能复习好功课，反而会损伤自己的大脑，降低大脑的思维能力。从长远来看，有百害而无一利。

诗妍：合理安排，劳逸结合。总复习，根据老师的复习指导计划和个人学习基础，制订一份个人复习计划，要有明确的目的要求，对复习内容、使用时间都要有具体安排，有了切实可行的计划，才能保证有条不紊地进行复习。

晓科：根据学科的特点，穿插安排各科复习，这样既能减少疲劳，又能提高复习效率。偏于理解的学科和属于技能技巧的内容，如数理化、作文要适当提前安排，外语、政治等学科要适当推后安排。

合理地安排复习内容，做到劳逸结合，让大脑适时、充分的休息显得更加重要。总复习任务重，时间长，必须做到劳逸结合，这样不仅不耽误复习，反而能提高复习效率。

（3）班主任发言。看了同学们的周记，听了大家的发言，我发现，你有你的见解，他有他的精彩。当今世界，科技发展日新月异，在21世纪，我们将会面临各种各样的挑战。要有能力迎接挑战只有不断地充实自己，完善自己。同学们，大家现在是初三学生，在不久的将来，你们将要迎接中考，步入下一个学习阶段，我们要脚踏实地，从现在做起，从平时的一点一滴做起，珍惜时间，努力学习，有节奏地进行复习。

今天的班会既是初三复习总动员，又是你们人生道路上的新起点。同学们，让我们共同努力，以最美的形象迎接新的挑战，再创新的辉煌！

（4）全班朗读黑板上的班会标题：“雄关漫道真如铁，而今迈步从头越。”

（5）齐唱《男儿当自强》《明天会更好》，班会结束。

一切皆有可能

——初三（2）班中考总结

一、情况分析

初三（2）班的学生活泼可爱，团结进取，在年级、学校的各项评比中，奋勇拼搏，勇创佳绩。但所谓的英语实验班，其实英语并无优势，记得初一入学后第一次考试，年级英语前十名我班只有一人，只是平均分略高一分多。加上文科学生理科成绩较弱，所以每次考试尖子生人数都寥寥无几。这也是困惑了我两年的心结。

初一分班时，年级前26名中我班只有6人。

二、奋斗目标

2008届初三中考目标学校指标

项目	470分以上		460分以上		450分以上		420分以上	
	基本目标	理想目标	基本目标	理想目标	基本目标	理想目标	基本目标	理想目标
520人	12	16	54	62	116	130	278	297
比例（%）	2.31	3.1	10.38	11.92	22.31	25	53.57	57.12
1班	6	7	22	24	39	42	51	
2班	3	5	18	20	36	36	51	
3班	2	3	8	9	11	17	43	45
4班	1	1	4	5	15	19	37	42

三、中考成绩

初三中考成绩700分以上的，我班有15人！取得了前所未有的好成绩，达到了年级最高水平！

罗湖外语学校2008年中考总分各分段人数及比例情况表

班级	人数	900～800		800～700		700～600	
		累计	比例（%）	累计	比例（%）	累计	比例（%）
1	51	1	1.96	15	29.41	35	68.63
2	52	1	1.92	15	28.85	35	67.31
3	52			2	3.85	10	19.23
4	51			6	11.76	13	25.49

四、几点感悟

1. 关于仲炯

中考成绩811分、年级第一的仲炯，他是初一上学期，因为有的班教室座位紧缺，才从三班调到我班的。区前600名，他榜上无名。

仲炯初一上学期成绩

姓名	语文	数学	英语	科学	历史	总分	年级排名
仲炯	71	93	86	84	91	425	116

仲炯初一下学期成绩

姓名	语文	数学	英语	科学	历史与社会	总分	年级排名
仲炯	84	82	81	96	94	437	80

仲炯初二下学期成绩

姓名	语文	数学	英语	科学	历史与社会	总分	年级排名
仲炯	92	97	94	91	100	474	5

仲炯初三月考成绩

姓名	月考1		月考2		月考3		月考4		月考5		五次汇总		月考6
	总分	级序	总分	级序	总分	级序	总分	级序	总分	级序	汇总平均分	级序	级序
仲炯	465.5	3	451.5	17	439.5	26	429.2	1	420.9	15	441.32	4	9

从语文、英语的相对落后，到中考成绩语文A^+，英语A，他的进步有目共睹。他热情活跃，积极主动，到初三还能保持初一时的听讲激情，笑脸常开，每节课都能与教师积极互动，学得非常轻松。

——只要有信心，有热情，一切皆有可能！

2. 关于科学

记得初二上学期，我班科学平均分比一班差了8分，前20名我班只有4人，科学告急！当时我真的是急得团团转，在班会课上大张旗鼓地为科学加油！特别为科学设立了两个课代表，自习课轮流为全班讲题！

非常感谢学校给我们派来救星——教物理的曹老师，通过她扎实的训练，学生的成绩突飞猛进，一学期追赶了6分多。到初三，有龚玲、杨云林、王朝晖等经验丰富的把关教师加盟，班上科学课程学习氛围更加浓厚，几次月考成绩基本与一班持平。

中考科学成绩，是五科里成绩最好的，A^+有28人，超过一班10人！感谢各位科学教师！

——只要扎扎实实，奋起直追，一切皆有可能！

3. 一个优秀的团队

如果说敬业爱岗是教师的责任，那么才艺双全则是教师的高境界。二班的进步归功于丁建国、李瑛、龚玲、杨云林、曹东霞、谭桂兰等德才兼备的好教师。

丁建国：一个让学生崇拜的好老师，是学生学习的最大动力。作为英语实验班，二班的数学成绩一直偏弱，丁老师的幽默亲切，让学生信心倍增，丁老师扎实有序的训练，让学生稳步提升。中考数学取得了20个A^+好成绩。丁老师，太有才了！

谭桂兰：学生那么喜欢上她的课！最让人感动的是，只要一有自习课，她就抢着上。她既吃苦耐劳，又活泼可爱。学生历史学科学习兴趣的提高和成绩的上升，谭老师功不可没。

拥有这样德才兼备的教师队伍，既是二班的福气，也是二班进步的原动力，更是二班中考成绩的有力保障！

——只要齐心协力，同舟共济，严抓共管，一切皆有可能！

4. 扬长避短，促进学生的均衡发展

从“木桶”理论的原则看，学生的均衡发展才是立于不败之地的保证。

（1）前几名的尖子生各科成绩虽然较均衡，但单科成绩不够突出。

（2）偏科现象严重：

① 仲炯、晓航等同学语文偏弱。

② 桢卓、选琳等同学英语偏弱。

③ 嘉琪、维嘉等同学数学偏弱。

④ 希文、晓娣等同学科学偏弱。

这都是需要高度警觉的问题，因为这些学生都很聪明，很有潜力。

我把他们的考试成绩情况制成表格，分发给科任教师，请各位科任教师跟踪督促，培优补差，双管齐下。最后，他们中考都考了700分以上。

——只要扬长避短，均衡发展，一切皆有可能！

总之，关注班中每一位学生的成长，提高学生的综合素质，努力营建一个轻松愉快的学习氛围，让每个学生都能发挥自己的潜能，全力以赴，奋力一搏，一切皆有可能！

2008年9月16日

选择站立

——初三（7）班中考总结

说实话，从欧洲回来，看到班长整理的班级中考成绩表，只有9个700分以上，我的心不由咯噔了一下，比起2008年15个，2005年17个，这个数据简直有点不堪入目。

于是，我好几天都没有再看这个成绩一眼，也强迫自己回避中考分数这件事。

直到几天后，一个家长在彭年举行谢师宴，中考后首次和同事相聚，谈起今年中考成绩，我才知道整个罗湖区的情况都有点异常。

我班成绩在年级中竟然还是最好的：平均分年级最高；700分以上人数在年级中最多。但我心里总不是滋味，底气不足，与其选择回避，不如选择站立，谈不上经验，只是在此——道一声感谢，存一点感动，说一点感慨。

一、看一组数据

1. 入校情况

分班情况我班第二。

入校情况

班级	年级前10名人数	平均分
我的七班	3	237.64
同层次A班	5	239.64
同层次B班	1	229.95
同层次C班	1	575.02

2. 中考成绩

中考成绩我班第一。

中考成绩

班级	700分以上	平均分
我的七班	9	616.64
同层次A班	8	614.50
同层次B班	0	579.14
同层次C班	1	575.02

二、道一声感谢！

在此，我要特别感谢我班的科任教师！

林虹老师：一个有方法、有智慧、有热情、有热心，深得学生喜爱的体育教师。我班中考体育21个100分！旗开得胜，林虹老师给我班带来了好兆头，取得了前所未有的好成绩，让全班同学士气大振，信心倍增！真的多亏了林虹老师！

晓红老师：她是我班最受学生欢迎、最有学生缘的教师。她活泼热情，她勤恳真诚，让人敬佩。每天早读，她早早赶到教室的身影，每天放学后她的办公室还挤满了学生，还有她给学生讲题的干劲，已经让七班的学生产生了英语学习热潮。我班没有一个学生不喜欢英语老师，没有一个学生不喜欢英语课。中考英语A⁺有19人，晓红老师真不容易！

慧萍老师：一个让学生敬重的好教师，是学生学习的最大动力。扎实有序的训练，促使学生成绩稳步提升。中考数学取得了16个A⁺的好成绩，真不简单！

尹静老师：学生那么喜欢上她的课！最让人感动的是，她作为一个物理专业的教师，在讲生物、化学以及地理知识的时候，兢兢业业，一丝不苟。

少辉老师：六科中唯一的一名男教师。他广博独到、机智幽默、侃侃而谈，是不少男生的偶像。每次听他表扬我班的同学比别班单纯，状态好，我都及时略带夸张地反馈给学生，在学生心中，少辉老师，太给力，太帅了！

有这样德才兼备的教师，既是7班的福气，也是7班进步作的原动力，更是7班中考成绩的有力保障！

三、存一份感动

曾经有点内向、有点不谙事理的鸿，在初三这一年，好像变换了一个人，状态特别好，成绩突飞猛进，最后以591分的成绩考入深圳市第二外国语学校，教师节他发来的短信说：祝福最最最亲爱的汪老师……，连用三个“最”，让我再次感受到他的憨态可掬。

在中考前一个多月，还哭着给我打电话，说妈妈不管她，要送她到乡下老家的瑜，最后以690的高分考入市外，被称为我班的一匹黑马。其实我知道她很聪明，只要她调整好心态，投入学习是完全可以超常发挥的。我给瑜的妈妈打电话，代她保证：一定会好好学习，让家长放心。

最让家长满意的要算钰了，她以718分的成绩，圆了自己的市外梦，她和家长都特别高兴。初一、初二的她，因为有点偏文科，总成绩不是很理想，家长不止一次地找我，我在《同伴结友，阳光成长》德育总结中特别提到她，为了她的科学、数学成绩提高，我特意让班里这两门成绩最好的男生佑与她同桌，这两年来他们两人的文理科取长补短，应该是好典范。到初三，钰的状态越来越好，信心百倍，听她妈妈说，家里连冲凉房的玻璃外都贴满了数学、科学题，卧室里到处贴着学习卡片，明显感觉到她冲刺中考的加速状态。一个小小的插曲：因为比较敏感，考前容易紧张，最后一次模拟考，钰的位子是小组最后一位，为此她心情很不好，觉得这是不好的征兆，她的妈妈求助于我，我只编了一个善意的谎言：因为钰的成绩好，怕她坐前面，后面同学想看她的答案，影响她。据说她听后转忧为喜，那一次考得特别好。真的还是孩子，其实位置是电脑编排的，谁也没有特别在意。孩子的纯真，哄一哄就好了！中考后，钰的父母特意感谢我，她妈妈说："说实在的，越到中考，我越能感到你的出色，孩子的心理调节太重要了，我真佩服你，因为我只要说，是汪老师说的，她就信了……"

这些小小的惊喜，是低谷中的几缕阳光，存在心底里的一份感动。

我没有想到，这些一向以活泼、阳光著称的学生，在教师节回校的时候，却哭得那么伤心，原因只是：舍不得老师，舍不得罗外！

我不能不为此而动容……

有人说，只有打动心灵的教育才是成功的教育。能够给我的学生留下充满人性的温馨回忆，就是我的教育追求，让他们感受到初中三年，是他们生命中阳光灿烂的日子，我也因此有了职业幸福和感动。

四、说一点感慨

班里有入校成绩最后一个层次的生源，晓琪的数学只考了23分，总成绩是年级800多名，还有几个排在五六百名的学生，三年来她们和我们一样，都很辛苦。

我能做的只是让晓琪在这个集体不自卑。我让班上最阳光的男孩熹帮助她，我让班上最优秀的女生馨走近她，让她感受到集体的温暖，让她清秀的脸庞绽放光彩！让她在文化艺术节、圣诞班级文化建设中发挥她手巧的特长，热心为班级出力。让其他教师诧异的是，她的成绩那么落后，但班里同学对她都那么好，她很有人缘，因为我的理念是让阳光照亮每一名学生的心灵。

站在中考的前沿，我们也许会舍弃很多，但决不会舍弃对成功的渴望和期盼，放下许多，却从未放下激情与梦想。

在此，借用赵朴初的一段《金缕衣》做一个自勉吧！

"幼苗茁壮园丁喜，几人知，平时辛苦，晚眠早起，燥湿寒温荣与悴，都在心头眼底，费尽了千方百计。他日良材承大厦，赖今朝血汗番番滴。光和热，无穷尽！”

生命千姿百态，而我，只选择站立。

我站在黑板前，一天又一天地警示自己——眼前，永远有我填写不完的未知；

我站在讲台后，一次又一次地提醒自己——前方，永远有我攀爬不尽的台阶；

我站在花丛中，一遍又一遍地告诉自己——今生，永远有我常开不败的美丽……

站立不仅是一种姿势，还是一种使命，更是一种师表。

（初三工作会议班主任代表发言）

2011年9月16日

以优美的姿势走在中考的路上

——2014届初三（2）班备考工作计划

一、备考团队

汪淑青、德明、肖霞、俊荣、葆源、万雄。

二、奋斗目标

基本目标：800分以上1人，700分以上9人，600分以上30人，500分以上45人，400分以上52人。

较高目标：800分以上1人，700分以上10人，600分以上31人，500分以上48人，400分以上52人。

三、学情分析

从分班情况来看，年级五个第一层次的班，尖子生不够集中，层次不突出，我班300名以后的学生有16人。尖子生不够尖，“尾巴”太大；学生成绩参差不齐，首位跨度太大——第1名到第646名。

从学科情况来看，文科语文、历史、英语相对不错，但是加起来也只有一两分的优势，但理科相对薄弱，数学、科学却有5～13分的差距，所以总成绩难以突破。

从初二期末考试情况来看：多项指标排名，在五个第一层次班级中都在中间。

初二期末考试情况

班级	平均分	最高分	最低分	优秀率	良好率	及格率	均分排名	优秀排名	良好排名
二班	460.9	547	270.7	60.3%	79.2%	94.3%	3	3	4

四、备考策略

1. 抬头

上学期期末考试，总分前10名，我班只有2个。这也是5个第一层次班的平均数，这是前几届从未有过的局面，形势非常严峻，800分的压力很大。

没有条件，创造条件也要上！

培优！培优的任务很重，前十名学生，在保住优势科目的前提下，扬长避短，各科均衡发展，是成功的关键。

寻找，挖掘，提升，突破！

语文突破：责任人汪淑青

语文学科成绩及排名情况表

姓名	语文	级序	总分	级序
晓晏	83.5	84	517	1
明璋	83	89	503	15

续表

姓名	语文	级序	总分	级序
雅婷	83	89	499	24
俊源	73	349	484	67
俊超	81	135	488	60
悦凯	81	128	472	107
晓炜	74	315	471	110

数学突破：责任人德明

数学学科成绩及排名情况表

姓名	数学	级序	总分	级序
宗欣	88	107	502	18
俊超	90	76	488	64
嘉茜	86	141	490	49
紫珊	80	227	484	67
晨诗	89	93	485	64
宗婉	82	200	482	74
晓菲	82	200	460	152
俪文	81	214	465	165

英语突破：责任人肖霞

英语学科成绩及排名情况表

姓名	英语	级序	总分	级序
晓晴	91	106	492	40
俊超	90	117	488	64
晨诗	91	106	485	64
振宇	91	114	489	54
晓琪	83	234	481	82
爱华	85	215	465	134
昇逸	79	297	456	163

科学突破：责任人俊荣

科学学科成绩及排名情况表

姓名	科学	级序	总分	级序
宗欣	133	81	502	18
雅婷	131	100	499	24
晓晴	129	123	492	40
宗婉	121	211	482	74
振宇	132	89	488	54
奕州	122	197	469	116
晓菲	113	278	460	152

历史与社会突破：责任人葆源

历史与社会学科成绩及排名情况表

姓名	历史	级序	总分	级序
俊源	82	273	484	64
嘉茜	85	197	490	49
晨诗	89	92	485	64
振宇	84	215	488	54
晓琪	89	92	481	82
奕州	85	197	469	116
咏楠	82	268	466	125
爱华	83	245	465	134
颖而	79	359	466	136
俪文	82	273	456	165

2. 收尾

使300名后的学生与科任教师形成合力，找准落后原因，注重学习方法指导，督促学生制订好的学习计划，注重基础知识的落实，抓住背诵学科，一如既往地开展“一帮一”活动，挖掘他们的潜力，奋起直追，从最弱势的科目抓起，一步一个台阶，让他们重新树立学习的信心，逐步提高学习成绩。

对排名靠后的五位学生，让他们与科任教师结成“一帮一”对子，及时跟踪辅导，争取在中考成绩没有C等级。

“一帮一”学生的成绩及排名情况表

姓名	总分	级序	责任人
晓安	263	646	汪淑青
晓健	270	637	葆源
宇成	321	544	肖霞
海威	323	541	俊荣
晓宇	328	529	德明

五、学风保障

一个优秀的团队，必须有一个强大的精神支柱！一个优秀的学生，必定是学校、家庭的双丰收。班主任的引导、科任教师的协作、班会课的宣传、学生之间的互助、家校之间的联系，每一个有利的因素都不能错过。52个孩子就是52个希望。

1. 信心是根本

中考是面向全市的选拔性考试，我们所处的学校和团队在中考中是具有一定的优势的，只要竭尽全力，终会如愿以偿。

2. 得科学者得天下

因为科学的分值提高到150分，所以得科学者得天下，但我班科学成绩离第一名平均分，仍有8～13分的距离，所以这一学科是我们的软肋，数学也有5分左右的差距，所以强化理科，是我班的策略，也是我班取胜中考的关键。

我必须想尽办法让学生提高认识，改进学习方法，提高学习效率。

3. 让优秀的行动成为习惯，这是我一贯的班会主题

（1）积极处事——我就是力量，办法总比问题多。

（2）以美好的姿势走在中考的路上——决战中考，志在必得。

（3）重要的事情先做——考验抑制力和意志力。

（4）细节决定成败，性格决定命运，态度决定一切。

（5）请把这一切扛在肩上——每一天都是作品。

（6）遇难心不慌，遇易心更细。

（7）入班即静，入座即学——培养良好的习惯，调整好心态，学习更有劲头。

（8）心无旁骛——只有锁定目标，才能争取成功。

尼采说，“每一个不曾起舞的日子，都是对生命的辜负。”只要生命鲜活，跋涉的脚步就应该永远向前，让我们以优美的姿势走在中考的路上，为了2014年的中考再创辉煌，我们策马扬鞭，砥砺前行。

2013年10月

只为这份努力与爱

——2014届初三（2）班中考总结

一、备考团队

汪淑青，德明，肖霞，俊荣，葆源，万雄，初三科学教师（我班科学教师生病，年级科学教师轮流代课12周）。

二、中考情况

看着一届不如一届的中考成绩，我几乎没有了总结的兴致，既然区里整个大环境都是这样（今年区的高分，都只有以往一个学校那么多，我们学校700分以上人数较去年少了一半左右），纵向没法比，只能横向找一点小小的安慰：班级700分以上人数，年级第一；语文A^+人数，年级第一！

三、一如既往

1. 让优秀的行动成为习惯，这是我一贯的班会主题

（1）积极处事——我就是力量，办法总比问题多。

（2）以美好的姿势走在中考的路上——决战中考，志在必得。

（3）今天，你笑了吗？——微笑是我们精神状态的最佳写照，是人与人之

间的最短距离。

（4）细节决定成败，性格决定命运，态度决定一切。

（5）请把这一切扛在肩上——每一天都是作品。

（6）赢在执着——遇难心不慌，遇易心更细。

（7）入班即静，入座即学——培养良好的习惯，调整好心态，学习更有劲头。

（8）我们希望给学生的永久礼物只有两种：一是根，二是翼，即扎根传统，展翼梦想……

2. 用心做，就是不一样

尊重每一个学生，尊重学生个性发展，为孩子的成长创造一个愉快的学习环境，并在此环境中让学生感受到中考的压力；善待每一个学生，用真诚的爱心对待每一个学生。对优等生，不掩饰他们的缺点，积极引导他们扬长改过，努力使其更加卓越。

“听了这里的语文老师讲课，突然好想你呀……”——这是曾经最让我费心的小颖在9月1日给我发来的短信。记得那时，这个性格急躁的女生，与多位科任教师都有过不快，此时，她终于知道“好想你”了，这让我多少有些感动。

“谢谢您！您在我们心中，永远是那个善良公正、无私奉献、快乐的人。在初三这年，我们再次看到了您的好。我们无法忘记您给我们求的平安符，我们无法忘记您叫我们每天都要记得微笑，我们无法忘记您在终点为我们奋力呐喊……我们感动，不为别的，只为您的这份努力与爱”——这是班里的“双马”高才生晴和歆毕业前给我的贺卡留言。记得那时，很强势、很有个性的歆曾经误解我，以为我偏袒她的“冤家”耿耿，在我面前极力辩解，泪流满面，她终于体会到老师的“手心手背都是肉”，她的这句“善良公正”，让我倍感欣慰。

教师节那天，小亚的妈妈给我打电话说：“孩子特别想你，你对她太好了，她和小芷都想得哭了。”记得那时，亚和芷两位非常文静的女生，说话轻声细语，胆小到面对老师都会羞红了脸，我让她们当班干部，不是需要她们的魄力，而是想锻炼她们的胆量，她们知道我对她们“太好了”。

小政的爸爸发来短信说：“孩子正在外面军训，他只记了你的手机号，借同学的手机给你打的电话，他早就以你为榜样，将来想当一位语文老师。”记得那时，政是一个上讲台不敢发声的小男生，在我的不断鼓励下，后来朗读竟读出了雄浑的男高音……

用心做，让班里语文领先；用心做，化急躁为平和，化误会为理解，让胆小化蛹成蝶，只为这份努力与爱。

四、没有如果

科学是我班的软肋，可是我班在初三上学期的半个多学期，科学都处于“吃百家饭”的尴尬境地：由年级科学教师轮流代课，作业、试卷没法落实，每周两次的科学辅导课没人上……

中考的结果：同层次的四班科学A$^+$有11人，我班5人。

数学成绩离最好的班级也五六分的差距，每次期末考试，如果区里出题相对容易，我班数学距离缩小，班级整体成绩就显著提高；而数学题目难度增加，情况就大不一样，偏偏这次中考，数学题难得离谱，那些很乖、很勤奋但不够灵活的女生，成绩令人痛惜。

中考是一场没有硝烟的战争，只认结果，没有如果，但，努力了就不后悔。

“是非成败转头空，青山依旧在，几度夕阳红。”只要生命鲜活，跋涉的脚步，就应该永远向前，只为这份努力与爱！

2014年9月

让教育充满惊喜

——校班主任经验交流

初一（2）班作为数学实验班，让我这个作为语文教师的班主任着实费了一番心思，因为这些活泼可爱的学生，虽然聪明机智，但是粗枝大叶；虽然数学思维敏捷，但是对语文识记却不屑一顾。帮助学生克服重理轻文的观念，帮助学生克服活泼有余、沉稳不足的缺点，全面发展，形成良好的班风学风，是我本学期工作的重点。

一、发扬国学特色，激发语文学习兴趣

根据美国心理学家布鲁姆在情感领域的分类结构，我觉得培养学生积极情感，应重视学生兴趣的培养，让学生心情愉快地认同教育要求，并将其转化为自己的意愿或行为。为了提高学生的语文成绩，我从培养学生的语文兴趣入手。在创班级特色活动中，提出了“弘扬国学精神，发展国学特色”的口号，举办诗歌朗诵、诗歌讲座；鼓励学生多读书，增强文学功底，提高语文素养。

二、积极参加学校各项活动，帮助学生获得成功体验

成功的需要是伴随着年龄增长而发展起来的一种社会性需要，是学生心理成熟不可缺少的一部分，因此不论学生学什么，做什么，教师都要创造条件让学生获得成功，并及时恰当地加以肯定和鼓励。

本学期我班在广播操比赛中获年级第一！拔河比赛第二！校运动会总分第三！获校运会精神文明奖！期末考试年级前10名，我班有8人！这些成功的体验，对增强班级凝聚力、树立学生集体荣誉感都很有帮助。

三、班荣我荣，班耻我耻，实行常规管理红旗制

常规管理，严格要求，发挥每一个学生的主人翁意识。实行以“我选择，我承担”为主题的常规管理红旗制，把每个学生每周的表现通过红旗或黑旗来表现，张贴在后墙，让学生形成“班荣我荣，班耻我耻”的积极情感体验。

四、同在欢乐的晴空下，走进学生情感世界

作为初一的班主任，面对的是稚气未脱的孩子，他们的天真烂漫让我欣喜，他们的沉稳不足又让我操心，因为自习课较多，纪律成了问题，也有科任教师向我反映学生太活泼，难以管理，如何运用积极情感的感染性、激励性、动力性感化教育学生，走进学生情感世界是班级管理的一个难点。

通过每周的主题班会，如“高尚无须证明”“责任重于泰山”“赢在执着”等，正确引导，耐心教育，取得较好的效果。在罗外杯竞赛中，有包括初二教

师在内的5位教师选择我班上课，都取得了好的效果，科任教师一致认为二班的学生素质好，上课气氛好，在学校小有名气。

总之，通过一学期的努力，我班已经形成了良好的班风学风，也让我体验了教育带来的惊喜。

2008年10月

加速！准备冲刺！

——2008年中考语文备课组总结

备课组成员：汪淑青、毛玲、周薇、月英、碧云、琼娥。

奋斗目标

学校目标	A^+60人	A150人	B^+164人	B125人	C^+17人	C2人
中考成绩	A^+63人	A168人	B^+178人	B121人	C^+14人	C1人

中考时罗外语文平均成绩80.7分！三年来终于第一次超过翠园初中部！居全市第二！紧追市外！

教研员的评价是“罗外初三语文备课组，在后期尖子生的培养上大有作为！”

这样的成绩其实来之不易。

一、加速，冲刺！

记得最后一次区模拟考，我班平均分比翠园初中部低了近4分，校长马上招来上届初三的张宏、任续春督促我们备课组集体反思，我们的压力可想而知。

毛玲：几乎每天找来一批学生面批试卷和作文，到中考前，她所教的班几乎每人都轮流了两次。她的班在中考中的A^+人数，大大超过预定指标。

碧云：每天都在收集整理复习题，到中考前两天她还在打印批改学生作文！她的平行班10班都有2个A⁺，真不容易。

琼娥：她给大家的印象是总在改作文！她的八、九班，成绩一直领先，她付出的比谁都多，真不简单！

周薇：她为集体出谋划策，为大家提供最新的信息，深入钻研教材教法，深入到学生中去，取得了显著的效果。

月英：面对基础薄弱的学生，不放弃、不抛弃，狠抓基础，严格落实，为年级的收尾做出了贡献！

我们始终坚信：付出就有收获。我们每个人都尽了自己最大的努力，我们无愧于心。

二、其实，我们一直都在追！

由于生源的原因，三年来，我们的成绩一直在翠园初中部之后，每次质量分析会，我们都在反思，我们一直都在追赶！

特别是初三这一学年中，我们面向全体学生，立足学生、立足教材、立足中考实际，密切关注相关信息，使初三语文的学习、复习能够紧跟最新形势，扎实有效。

在字词基础知识方面：每天一小练，每周一小测，为了五道选择题，不知做了多少套模拟题。

在古诗文默写方面：在分值提高到10分的考试背景下，对大纲规定的记诵篇目，要组织学生每篇过关，严防死守，争取一分不丢。

在语言运用方面：主攻三大题型，即语句连贯题、病句修改题和句子仿写题。实践表明，解答这三类题都有一定的规律可循，如语句连贯题可以遵循句与句结构对应的原则、主语前后一致的原则、合乎语境的原则。

作文方面：更是各显神通，每次月考过后，都要把优秀作文在全年级讲评、研讨。

在语文复习的最后阶段，我们要处理好三个问题：一是目标重点要清楚，二是基础复习要求实而活，三是作文要力求新而稳。中考虽然迫在眉睫，但复习的步骤不能乱，只有科学冲刺才能事半功倍，取得理想的效果。学生心中有底，在这一个月中围绕这三个问题进行查漏补缺——明确考查目标，梳理基础知识，锤炼作文技巧。

三、团队！信息！

你好，我好，大家好，才是真的好！团队精神是取胜之本！

如果选择题考文学常识这个信息，早一点告知，我们的成绩也许会更好一点。

总之，在起始成绩相对落后的情况下，我们中考却考出了前所未有的好成绩：平均成绩80.7分！全市第二！紧追市外！感谢每一位辛勤付出的同仁！感谢每一个执着坚持的日日夜夜！

2008年9月16日

揣好梦想出发

——罗外首届初三毕业典礼教师发言

当别离的笙箫就要奏响，让我们把记忆的大门轻轻开启：

三年前，稚气未消的你们，带着灿烂的笑容踏入罗外大门的那一天，你们便在罗外的历史上写下了庄严的第一笔。

三年的蕴藏，三年的耕耘，终于浇灌出一片葱郁苍翠，一片姹紫嫣红。

我们不会忘记：琪琪、红钊等同学，是你们为罗外写下了辉煌。

我们不会忘记：书珊、诗敏等同学，是你们在平凡的岗位上体现了自强不息的精神。

我们不会忘记：晓博、晓帅、晓娇、晓旭等同学，是你们用动人的身影为罗外增添了一道道独特的风景。

我们不会忘记：子伦、晓万等同学，是你们的多才多艺给罗外留下了美好的回忆。

我们不会忘记：在座的每一位同学，是你们的勤奋刻苦，你们的蓬勃朝气，让罗外变得如此美丽。

我们忘不了七班学生的执着追求，也忘不了六班学生的精彩每一天；忘不了一班学生挂满教室的小制作，也忘不了二班学生贴满了墙的红奖状；忘不了四班学生体育节上的英姿，也忘不了三班学生公开课上的风采；忘不了五班学生，在拔河比赛失利时的眼泪；忘不了那一次，我因为办调动手续，不辞而别，回来后听到学生们焦急的话语："老师，你去了哪里？我们想你。"有一种感动是需要用爱来回报的，我不能不因此付出更多，更多。于是，我们有了常规评比和学习成绩的双丰收。可是现在，当我面对空荡荡的教室，我能对谁说——你们在哪里？老师想你们。

无情未必真豪杰，也许你们不知道：

王潼军老师严厉的外表下那颗炽热的心，他为了辅导数学竞赛经常来不及吃晚饭；周薇老师为了你们的精彩经常六七点才回家；毛玲、于华老师，她们的孩子还很小，可她们却把更多的爱给了你们；黄小杏老师的女儿就在初二，可她为了全身心地投入工作，却让自己的女儿住进了宿舍，吃的是食堂；我们年轻漂亮的郑朝晖老师，她自己还是父母心中的娇娇女，同事眼里的小妹妹，可她却像知心姐姐一样呵护着一班四十多位学生的心灵。还有在座的每一位教师，他们兢兢业业，默默耕耘，把自己的智慧和热情都无私地献给了你们。

今天晚上，中考分数就要出榜，我想大家不要再重复那"几家欢乐几家愁"的无奈，请你们记住范仲淹的"不以物喜，不以己悲"的旷达。在成败得失面前，心灵的平静是智慧美丽的珍宝。也许，有的学生能考上深中、实验、市外，是如朗月照花，深潭微澜，是扬鞭策马，登高临远的驿站；也许，有的学生离自己的理想还有一定的距离，但也不必悲观叹气，怨天尤人，应有穷且益坚、不坠青云的傲岸，更应有"将相本无种，男儿当自强"的倔强。

这里我想讲讲我自己的一段经历，与大家共勉：我的高中，就是在一所普通中学度过的，当年，我因为7分之差与重点高中失之交臂，三年后，我却以全班第一、高出重点大学录取线23分的高考成绩，将不少当年考入重点高中的同学远远地抛在了身后，让曾经为我惋惜的初中老师和同学惊叹不已。其实，我一点也不意外，有一件小事令我至今记忆犹新。记得我怀着并不激动的心情走入那所普通中学，报到的时候，我发现班主任老师在我的名字旁做了一个并不明显的标记，当我知道这是老师把我作为重点培养对象的用意后，我的心里涌现一种特别的温暖。的确，三年来，这里的教师给了我太多的关心和帮助，使我这三年，学得特别充实，特别轻松，进步特别大。

给大家讲这些只是想告诉你们，外界环境不是命运的决定因素，只要梦想还在，路就在自己脚下。梦想就是豁亮在眼前的灿烂和惊奇，既是最初牵引你上路的激情，也是鼓励你赶路不止的鞭策，还是支撑你失败不失志的寄托，它使渺小的你我，再也不肯在卑微中空耗和压抑本来的生机，油然而生的是天高地阔的境界和魂牵在这种境界的渴望。所以，当有人为我班的书珊、诗畅同学惋惜时，如你们学习成绩这么好，为什么不考深中、实验却报罗外直升班？我就明确地告诉她们：选择罗外是你的明智，不选罗外你会后悔！我们有这样高素质的校领导（陈校长、余校长都是区学科带头人，邓校长、韩校长都是市区中青年骨干教师）；我们有这样优秀的教师，来自全国各地的精英教师，罗外定会让你的选择无怨无悔。在此，我想对直升班的学生表示衷心的祝贺，也对每一位深爱着母校的学生表达深深的敬意！

丹青难写是精神。

今天，我们在这里诉说别离，愿我们把它珍藏心底；

今天，我们在这里放飞希望，请你们把它带向远方；

今天，我们在这里许下祝愿，让它陪伴你们走向美好的明天。

揣好梦想出发，踏出一路风光。今天是桃李芬芳，明天是祖国的栋梁！

2002年6月

下篇 翼

行万里路　读万卷书

文化回声

英国：伦敦大英博物馆

英国伦敦的大英博物馆又名不列颠博物馆，位于新牛津大街北面的大罗素广场，是世界上历史悠久、规模宏伟的综合性博物馆。它和纽约的大都会艺术博物馆、巴黎的卢浮宫、圣彼得堡艾尔米塔什博物馆同列为世界四大博物馆。

大英博物馆于1759年对外开放，是世界上第一座对民众开放的博物馆，收藏与展示囊括四大文明。它收藏了世界各地的许多文物和图书珍品，藏品之丰富、种类之繁多为全世界博物馆所罕见。

博物馆正门的两旁各有8根又粗又高的罗马式圆柱，每根圆柱上端是一个三角顶，上面刻着一幅巨大的浮雕。整个建筑气势雄伟，蔚为壮观。现有建筑是19世纪中叶所建，共有100多个陈列室，面积六七万平方米，共藏有展品400多万件。

大英博物馆

大英博物馆包括埃及文物馆、希腊罗马文物馆、西亚文物馆、欧洲中世纪文物馆和东方艺术文物馆。埃及文物馆是大英博物馆中的陈列馆之一，这里展有大型的人兽石雕、庙宇建筑，为数众多的木乃伊、碑文壁画、镌石器皿以及金银首饰，其展品的年代可上溯到5000多年前，藏品数量达7万多件，其中包括19世纪英国海军统帅纳尔逊从拿破仑手中夺取的古埃及艺术品。

2012年11月18日

美国：纽约大都会博物馆

这个景点是我特意要求导游增加的自费项目。因为世界四大博物馆中，其他三个我都去过了，只差这个大都会博物馆了。

还有一个原因，让我很想去大都会博物馆，就是几次在深圳博物馆的主题展，看到一些重要的文物只有图片并注明：原件在美国纽约大都会博物馆。

没想到，经导游一宣传，全团的人都加了这个自费项目，35美元。能够如愿，很感激导游，心里特别高兴。

我们花7美元租了个中文讲解仪，慢慢看……

纽约大都会博物馆，是美国最大的艺术博物馆，也是世界著名博物馆，位于纽约5号大道上的82号大街，与著名的美国自然历史博物馆遥遥相对。占地面积为13万平方米，共收藏有300万件展品。现在是世界上首屈一指的大型博物馆。最让我震撼的是埃及文物馆，它竟然把帝王谷的某个古墓，或者某个金字塔的内部直接复原过来，里面的壁画精美绝伦。更加奇特的是，它把埃及的丹铎神庙直接搬了过来。

在众多艺术时期和类别中，埃及艺术部分是纽约大都会博物馆的一大重点。世界顶尖的博物馆中有埃及文物很是平常，而纽约大都会博物馆却有不平常的收藏——一座完整的古埃及神庙。这是在埃及之外唯一的一座完整的古埃及神庙。

纽约大都会博物馆，是美国最大的艺术博物馆

据说这个《舞蹈教室》是镇馆之宝，可惜我没看到，这是在资料上找到的，但在华盛顿艺术博物馆，反而看到了一个系列的

2015年8月12日

俄罗斯：圣彼得堡艾尔米塔什博物馆

冬宫原为叶卡捷琳娜二世女皇的私人博物馆，十月革命后辟为圣彼得堡国立艾尔米塔什博物馆，现在是世界四大博物馆之一。

它坐落在圣彼得堡宫殿广场上，原为俄国沙皇的皇宫，是18世纪中叶俄国巴洛克式建筑艺术最伟大的纪念物。浅蓝色的外墙和白色古典的圆柱，使其成为圣彼得堡最优雅的建筑物。

艾尔米塔什博物馆内珍玩收藏丰富。18世纪叶卡捷琳娜二世创建的奇珍楼，曾专门从德国购进225幅名画，藏于楼中，被称为“艾尔米塔什”（名字源自古法语hermit，意为隐宫）。为了彰显权势，叶卡捷琳娜二世在位期间（1762—1796年），不断大量地收购珍藏各种类别的艺术品，包括一万六千枚硬币与纪念章。

宫内有世界上著名的艺术博物馆——赫米提巨博物馆，长达20千米的艺术长廊收藏了数千件艺术作品。宫殿四周有两排柱廊，气势雄伟。这里以各色大理石、孔雀石、石青石、斑石、碧玉镶嵌，以包金、镀铜装潢，以各种质地的雕塑、壁画、绣帷装饰，色彩缤纷，气派堂皇。

冬宫广场中间竖立着巨大的亚历山大圆柱，以此来纪念俄国抗击拿破仑的胜利。

远东艺术博物馆收藏了大量的中国文物和艺术品，其中有200多件殷商时代的甲骨文，公元1世纪的珍贵丝绸和绣品，中国敦煌千佛洞的雕塑和壁画样品、瓷器、珐琅、漆器、山水图和仕女图以及3000幅中国年画。

艾尔米塔什博物馆是18世纪中叶俄国巴洛克式建筑艺术最伟大的纪念物

2014年7月23日

法国：卢浮宫的三大镇馆之宝

卢浮宫的镇馆三宝，是断臂的女神维纳斯、蒙娜丽莎和胜利女神萨莫色雷斯。

卢浮宫是世界上较古老、规模较大、较著名的博物馆之一，也是法国历史上最悠久的王宫。如今博物馆收藏目录上记载的艺术品数量已达40万件，还有数量惊人的王室珍玩及绘画精品等。如果一件一件看完，据说要四个月。

我们在当地导游的引导下参观，导游是个湖南妹子，她很漂亮，学美术的，讲解也很到位，只是里面人太多，特别是到了镇馆三宝的地方，更是人挤人。还有，很多以前在历史书或者美术书上看到的图画，在这里都是真品，确实很震撼！

镇馆之宝一——断臂的维纳斯

千古不朽的美女雕像《米洛的维纳斯》，是一尊大理石雕像，高约214厘米，傲然耸立在卢浮宫一楼长廊尽头的希腊雕刻室中央。据说《米洛的维纳斯》出自2000多年前的雕刻巨匠帕克拉西黛尔之手，于1820年在爱琴海米洛岛被发现。这件端庄典雅而富有残缺美的艺术珍品，是古典艺术中伟大的杰作之一，因发现时双臂已缺，故又名“断臂女神”。后代艺术家们纷纷想象原雕刻的双手是怎样的姿态，却始终不得要领。

断臂的维纳斯

镇馆之宝二——蒙娜丽莎

这是一幅享有盛誉的肖像画杰作，它代表了达·芬奇的最高艺术成就，成功地塑造了资本主义上升时期一位城市有产阶级的妇女形象。画中人物坐姿优雅，笑容微妙，背景山水幽深茫茫，淋漓尽致地发挥了画家那奇特的烟雾状“空气透视”般的笔法。画家力图使人物的丰富内心感情和美丽的外形达到巧妙的结合，对于人像面容中眼角、唇边等表露感情的关键部位，也特别着重掌握精确与含蓄的辩证关系，达到神韵之境，从而使“蒙娜丽莎的微笑”具有一种神秘莫测的千古奇韵，那如梦似幻的妩媚微笑，被不少美术史家称为“神秘的微笑”。

蒙娜丽莎的微笑

镇馆之宝三——胜利女神萨莫色雷斯

《萨莫色雷斯的胜利女神》塑像高约2.75米，帕里安大理石质地。这是所有古希腊时期雕塑中非常重要的作品之一。世界上豪华汽车品牌之一的“劳斯莱斯”的车标就源于此。

萨莫色雷斯的胜利女神

2011年7月11日

德国：科隆大教堂，德国最受欢迎的景点

在欧洲旅游，几乎每个国家每座城市，都有风格各异、地位至高无上的教堂，已经有点审美疲劳，但科隆大教堂却还是让我着实惊叹了一阵！

科隆大教堂高155米，仅次于世界最高的乌尔姆主教座堂（161米多）。它以轻盈、雅致著称于世，是中世纪欧洲哥特式建筑艺术的代表，也可以说是世界上最完美的哥特式教堂建筑。它与巴黎圣母院大教堂和罗马圣彼得大教堂并

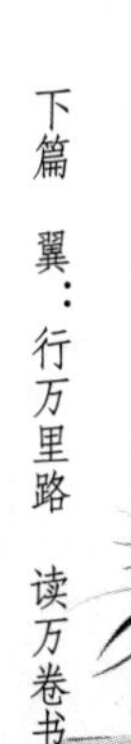

称为欧洲三大宗教建筑。

1996年，科隆大教堂被列入《世界遗产名录》。

日前，德国旅游协会进行了一次在线问卷调查，选出德国最受欢迎的景点，科隆大教堂以绝对的优势排在第一位。

科隆大教堂既是科隆的骄傲，也是科隆的标志。

傍晚时分，科隆大教堂外面的台阶上、广场上，人们三五成群，或坐或立，热闹而祥和。

我们遇到一群靓丽的女孩，带着鲜花、啤酒，原来是朋友聚会，庆祝其中一个女孩结婚三个月，她们的酒是绿色的，和我们沟通后还很热情地给我们每人几杯，不爱喝酒的肖肖说这是她喝过的最美味的洋酒。

德国人并不像我原来认为的那样死板、高傲，他们其实很热心、善良，很浪漫。

这座用磨光大理石砌成的大教堂，内外雕刻物皆似鬼斧神工之作；教堂里森然罗列的高大石柱，鲜艳缤纷的彩色玻璃，精致的拱廊式屋顶以及凌空升腾的双塔皆气势傲然。登至150多米的塔顶，俯瞰市区，科隆美景一览无遗。科隆大教堂的巍峨壮观令所有瞻仰它的人叹为观止。

整个建造工程前后跨越6个多世纪，它是德国中世纪哥特式宗教建筑艺术的典范。如今的科隆大教堂始建于1248年，竣工于1880年，其建筑期长达632年，堪称世界之最。

科隆大教堂

2011年7月8日

意大利：罗马——全球最大的露天历史博物馆

《罗马假日》这部爱情片，让罗马的浪漫气息散发出无穷的魅力。这个曾经强大无比的世界帝国，留下了大量宝贵的西方古文明遗迹，显得古典而厚重。

古罗马帝国为维持统治，在帝国统治范围内大修石道，而其核心枢纽便位于罗马，有条西方谚语称“条条大道通罗马”，便是这个意思。

古罗马帝国大道两头分别是威尼斯广场和罗马斗兽场，路的两边有大量的考古发掘，古罗马帝国的重要古迹就在这里：罗马城的帝国大道是古罗马帝国的交通中心，道路两旁耸立着帝国的元老院、宫廷、贞女祠、恺撒庙、君士坦丁大帝凯旋门等众多建筑。这里还汇集了意大利独立统一运动的大部分纪念物，仿佛一个巨型的“露天历史博物馆”。

我们在祖国祭坛留影，在斗兽场驻足，在君士坦丁大帝凯旋门流连，叹发思古之幽情，感慨西方文化之精髓。

世界八大名胜之一的古罗马露天竞技场，又称斗兽场，建于公元1世纪。这座椭圆形的建筑物占地约2万平方米，周长527米，是古罗马帝国的象征。

古罗马露天竞技场

2011年7月1日

瑞士：劳力士与哭泣的狮子

瑞士，一块劳力士手表值十几万人民币，甚至几百万人民币，相当于我们多少粮食的价值呢？

以前对瑞士为什么那么富裕总有点不解，湖光山色别国也有，手表我们也会造，银行全世界都有，瑞士为什么就能把这些做到极致呢？

在瑞士的两天，通过导游的讲解和自己的感悟，我终于明白——忠诚，是瑞士积累财富的基石。

瑞士人说："瑞士之所以成为瑞士，是因为有些德意志人不愿做德国人，有些法兰西人不愿做法国人，有些意大利人不愿做意大利人。"于是这些人一起成了瑞士人。

几百年前，瑞士的高山湖泊好看不好用，那时不兴旅游，而瑞士资源是贫乏的。

劳力士手表

因为忠诚守信，瑞士在第二次世界大战期间吸纳了大量犹太人的财产还有纳粹黄金，如今，世界巨富不都愿意把钱存到瑞士银行吗？在瑞士银行，职员泄露储户信息是要坐牢的。

瑞士是欧洲中心国家，但它是唯一没有加入欧盟的国家（不想介入一些国际争端），瑞士法郎是世界上最稳定的货币，几十年没有多大变化。但是为了发展旅游，瑞士于2005年加入了《申根协定》（此前去瑞士要单独签证）。

瑞士人不再当雇佣军，瑞士变得富有，两耳不闻窗外事，一心只做瑞士表，钟表业是其支柱产业之一。瑞士手表是瑞士的名片，遍布全世界。在中国，成功的男人喜欢戴“金劳”，价格几万、十几万、上百万人民币不等；漂亮富贵的女人喜欢“欧米茄”，价格同样不菲。

近代旅游业兴起，瑞士人把旅游发展成支柱产业。瑞士的水城、山城，瑞士的蓝天绿地、高山湖泊每年都会吸引来自欧洲、全世界的大批游客，昂贵的价格也挡不住人们到此一游。

在浅浅的洞穴里，一头濒死的雄狮面带哀伤、痛苦无力地匍匐在地，前爪按着盾牌和长矛，盾牌上有瑞士国徽，一支锐利的长箭深深地插在它的背上。这就是马克·吐温曾经赞颂的“世界上最哀伤、最感人的石雕”。瑞士人修了这样一座纪念碑，以凭吊在1792年法国大革命时，为保护法国国王路易十六及玛丽王后而战死的瑞士雇佣军的全体786名官兵。

狮子纪念碑

面对如此感人的狮子纪念碑，我在伤感：原来作为现在世界上富有国家之一的瑞士也曾经很贫穷，男人也不得不靠出卖生命和鲜血去当雇佣军。瑞士雇佣军在罗马教皇卫队以其无比的勇敢和忠诚享有盛名。

2011年7月30日

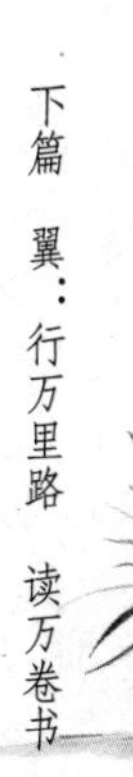

奥地利：两次世界大战都源于奥地利?

以前对奥地利了解得不多，这次西欧游后，我对奥地利的印象要好过德国、法国和意大利。

按照区导的话说，这里有风景，有故事；还有维也纳、萨尔茨堡等世界名城，有海顿、莫扎特、贝多芬、舒伯特、约翰·斯特劳斯父子等音乐巨匠，有施瓦辛格、弗洛伊德等各界名人。

莫扎特

坐在车上，窗外的一切用“风景如画”来形容都显得苍白，蓝天白云、青山绿水，大片的修剪整齐的草坪，童话般的红房子，每一座山，每一间房，都显得靓丽整洁。

奥地利的垃圾分类做得最好，维也纳的垃圾处理场就在市区，像东方明珠一样漂亮。同行的一个深圳市外国语学校的初三毕业生，用垃圾处理厂的照片发了条微博，据说吸引了很多粉丝。连服务区的厕所都是感应门，旅店的吹风筒是我遇到的最好的。

关于弗兰茨·约瑟夫一世与第一次世界大战

弗兰茨·约瑟夫一世，就是茜茜公主的丈夫，他是19世纪到20世纪初中南欧洲的统治者。弗兰茨·约瑟夫以其建立奥匈帝国的功绩为世人所熟知，这个强大的奥匈帝国皇帝，因为妻子，即当时60岁的茜茜公主在日内瓦旅游被刺杀、唯一的儿子饮弹自尽（殉情）、新立的继承人侄子（王储）在萨拉热窝被刺杀这三件事的打击，决定发起一场大战。

1879年，他与普鲁士领导的德意志帝国结盟。1914年，他向塞尔维亚发出最后通牒，把奥地利和德国拉入第一次世界大战。

关于希特勒与第二次世界大战

希特勒，很多人都以为他是德国人，其实他是奥地利人，因为报考奥地利国家美术院落榜而心怀怨恨，到德国当兵，利用德国人对第一次世界大战战败的憋屈心理，鼓动民众，进而发家。

在第二次世界大战时，希特勒直接把自己的故国奥地利纳入德国版图，以至于第二次世界大战期间是没有奥地利这个国家的，据说战争中他还常把奥地利军队派到危险的地区充当炮灰。

希特勒，可以说是奥地利的败家子，区导把他和中国的吴三桂做了一下对比，听起来还挺有道理。

第二次世界大战结束，奥地利因为隶属德国而成了战败国，被英、美、苏等国军管。一直到1955年，聪明的奥地利人才宣布永久中立，摆脱军管，真正独立。奥地利现在发展得这么好，真的不简单。

区导是89级中山大学的毕业生，知识广博，对第一次世界大战、第二次世界大战的前因后果等，讲得比历史书要有趣得多，加上在奥地利三天，车上看了《茜茜公主》《希特勒的浪漫史》，我对欧洲历史也算是有了一次新的突破性的了解，特别是对奥地利有了深刻的认识。正所谓读万卷书，不如行万里路。

有人说，两次世界大战都源于奥地利，确实有一定道理：奥地利王储在萨拉热窝被刺杀，是第一次世界大战的导火索；如果希特勒没有落榜，也许奥地利会多一个美术家，而少一次世界大战。

2011年7月16日

荷兰：华伦丹——水在天上走，人在地下游

首先解读一下："丹"，在荷兰语中是水坝的意思，来源于英语单词dam（水坝）。荷兰很多地名都有"丹"，如鹿特丹、阿姆斯特丹……

据说，宇航员在太空能看到的人类两大痕迹，便是中国的长城与荷兰的拦海大坝，可见其工程之浩大。华伦丹，原先是一望无际的大海，但在建筑了北海大堤坝后，这里变为内湖，地势低于海平面，形成"水在天上走，人在地下游"的奇特景观。

荷兰享有"风车之国""水之国""花之国""牧场之国"的美誉。

车子驶入荷兰，眼前为之一亮，大片大片的原野，水草丰美，这就是中国古书里所说的"风吹草低见牛羊"吧。

我见过中国云南、四川、新疆、西藏的草原，因为过度放牧，都已成了"草色遥看近却无"。而这里似乎圆了一个古老的梦，又让我想起《桃花源记》，土地平旷，屋舍俨然，有良田美池桑竹之属……

我们看到，有的牛羊躺着吃草！有人说这里的牛羊比人都幸福，因为这里的草实在太丰盛了，而牛羊并不多。

华伦丹小渔村

导游说，荷兰人是世界上人均身高最高的国家，男183厘米，女170厘米。独特的地理条件、丰富的自然资源造就了这个优秀的民族。难怪荷兰曾经那么强大，如郑成功就是击败荷兰后而收复我国台湾的；篮球、足球球队，成了无冕之王！

华伦丹，这个童话般的小渔村是我欧洲之行的一个意外惊喜，没想到在离阿姆斯特丹这个大城市那么近的地方，竟然有这样一个充满传统风情的精致小渔村。在华伦丹，能感受到荷兰当年的淳朴渔村风情，好似时光倒流，风景实在太美好、太宁静了，让我不由自主地陶醉并沉浸于美景之中。

2011年7月9日

比利时："欧洲首都"布鲁塞尔

布鲁塞尔，是西欧的交通要冲，是欧洲联盟、北大西洋公约（北约）组织等国际组织的总部所在地，另有200多个国际行政中心及超过1000个官方团体也都在此设立了办事处。此外，名目繁多的国际会议也常在此召开，因此，布鲁塞尔被人称为"欧洲首都"。

布鲁塞尔，是欧洲历史悠久的文化中心之一。许多伟人，如马克思、雨果、拜伦和莫扎特等都曾在此居住过。

有几点特别值得一提：

马克思当年常去天鹅咖啡馆，据说《共产党宣言》就在这里诞生。

第一公民小于连雕像：因为他一泡尿浇灭导火索拯救了一个城市，据说法国国王来拜访时是个大冬天，看到于连"小朋友"赤身裸体，动了恻隐之心，便做了一套小衣服给它穿上，以至于以后哪个国家元首来访，小于连就穿哪国的特色衣饰，据说它已有3000多套各国服饰。看来小于连的衣服是世界上最多的。

比利时的巧克力最有名。据说深圳万象城之类的地方才有专卖店，七八十元一盒。在这里，大家凑起来买多少送多少，合人民币二三十元一盒。

2010年 4 月22日，因争夺首都布鲁塞尔大区归属权，伊夫·莱特姆首相领导的内阁被迫集体辞职，直至2011年7月比利时已有400天没有一个正式的联邦政府，创造并且不断自我刷新着该项吉尼斯世界纪录。但比利时并不乱，因为联邦制国家，各联邦相对独立，各自照常运转。

市中心的“大广场”周围屹立着许多中世纪的哥特式建筑，其中以市政厅最为壮观。附近还有历史博物馆、马克思当年常去的天鹅咖啡馆以及1830年革命的发祥地——金融街剧场等。

天鹅咖啡馆

2011年7月10日

卢森堡：北方直布罗陀

卢森堡，全称为卢森堡大公国，是现今欧洲大陆仅存的大公国，位于欧洲西北部，东邻德国，南毗法国，西部和北部与比利时接壤。由于其地形富于变化，在历史上卢森堡处于德法要道，地形险要，一直是西欧重要的军事要塞，有北方直布罗陀的称号。

令我印象最深的是这个国家的富裕和干净。据说它是欧盟国家中最富的，正所谓船小好掉头。吃完晚饭我们出去散步，发现家家户户都是各具特色的别墅，别墅前后都有大花园，花草修剪得整整齐齐，窗台鲜花璀璨，我们几乎每到一家都要照相，真的太美了。

卢森堡是工业国家，也是欧盟中人均收入和生活水平最高的国家，人均国民生产总值位居世界前列，经济高度发达，钢铁、金融、广播电视是其三大经济支柱产业。因国土小、古堡多，又有“袖珍王国”“千堡之国”之称。

在宪法广场看阿道夫桥，它是世界上跨度最大的石拱桥

2011年7月7日

列支敦士登：邮票小国

除了梵蒂冈之外，中国人知道得最多的袖珍小国，就是列支敦士登了。虽然比起其他欧洲国家来说，它的知名度不太高，如果不是看着念，很多人都记不准它的名字，可是近年来访问这个国家的外国游客中，按人数统计，中国人可能已经成为第一名了。

这是一个与众不同的国家：有主权但没有外交权，没有军队，它小到饭后散步时不经意间就会走出国境。集邮发烧友和牙医师对它再熟悉不过了，因为它的名字是与邮票和假牙连在一起的。其首都瓦杜兹坐落在阿尔卑斯山边。

列支敦士登这个名字是与邮票连在一起的

2011年7月5日

爱沙尼亚：全球空气质量指数排名第一的国家

上午游轮到达爱沙尼亚首都塔林。因为当地接送司机误点，我们在游轮出口等了一个多小时，看景点的时间大大缩水。不过，这里确实是一个值得慢慢感受的美丽城市。

爱沙尼亚是东欧波罗的海三国之一，首都是塔林。它是世界卫生组织公布的全球空气质量指数排名第一的国家。爱沙尼亚的森林覆盖率高达47%。境内湖泊、沼泽众多，有许多风景美丽、景色迷人的海湾、海峡和岛屿，被誉为四周都是海的美丽国度。在这里，日出日落都是从海上升起的。因其在全球独占鳌头的空气质量，这里也成为关注健康的现代人首选的“森林洗肺游”圣地。

爱沙尼亚的首都塔林

2011年7月21日

加拿大：魁北克——“北美的直布罗陀”

早餐后，从蒙特利尔往东北车行约250千米，到达魁北克古城。

我觉得，魁北克是我们这些天所到达的加拿大景点中最值得一游的地方，有点像苏格兰的爱丁堡。

“魁北克”这个名字源于印第安语，原义是峡湾。它的面积有170万平方千米，相当于三个法国或五个日本，是英国的7.3倍，人口约80万人，80%是法国人后裔，通行法语。它的州旗就是法国的国旗。

1608年，法国人桑普兰在魁北克城建立居民点，魁北克成为法国殖民地。

1663年，在路易十四统治时期，魁北克西成为王室直属省，成为皇家殖民地，被称为新法兰西。为了争夺对这块领土的控制，法国和英国之间的斗争一直持续到1763年。

1763年，英国同法王路易十五签署巴黎条约，法国放弃新法兰西，以换取继续拥有西印度群岛的瓜德罗普。英国人将其改名为魁北克省。虽然英国获得了主权，但是法国的影响一直占主导地位。

1977年，勒维克领导魁北克人党派赢得省选，独立形势日益加重。勒维克颁布了《法语宪章》，确立了法语在魁北克作为唯一官方语言的地位。至今，魁北克各地所有标志一律由法语表明。1995年，魁北克第二次关于独立问题的公投中，双方选票非常接近（50.6%反对，49.4%赞成）。

也就是说，魁北克差点从加拿大独立出去。斗争的结果，使加拿大政府做出让步，如今的魁北克高度自治，加拿大在国外的大使馆，设有专门的魁北克办公室，这在国际上是非常罕见的。

魁北克古城

魁北克古城，是1608年由桑普兰建立的新法兰西首府。城市建在圣劳伦斯河北岸狭长的桌子形状的高地上，扼守进入北美大陆的门户，有“北美的直布罗陀”之称，城中心位于高地的东北端，这里保留着北美洲唯一的城墙，作为魁北克城标志的古城堡耸立在戴蒙德角的最高点。

2015年7月26日

墨西哥：“马马虎虎”

墨西哥人朴实善良，见到我们就用不标准的普通话说：您好，您好！你要是进到他的商店里面，他便会主动搭讪：马马虎虎、马马虎虎……

他们不懂“马马虎虎”是什么意思，据说早期有人去墨西哥旅游，被问及感觉如何，那人随口说了句“马马虎虎”，朴实的墨西哥兄弟大概以为中文的“马马虎虎”和英语的“nice”是一个意思，于是见了中国人，就主动寒暄“马马虎虎”。

墨西哥蒂娃娜是美墨边界的繁华小城，距离美国圣地亚哥市中心南边18千米，从圣地亚哥到蒂娃娜只需十多分钟的车程。蒂娃娜是墨西哥第三大城市，人口超过两百万。

论及美国与墨西哥，100多年前是吞并与反吞并的关系。

1821年墨西哥独立后，得克萨斯成为墨西哥的一部分，1845年，被美国吞并。

墨西哥对美国吞并得克萨斯地区非常愤怒，断绝了同美国的关系。1846年4月24日，墨西哥军队与美军发生小规模冲突，打死了3名美国人。这一事件正好给了美国借口，美国对墨西哥宣战。

我们参观的蒂娃娜主街道，叫革命大道。

墨西哥人据说和蒙古人血统相近

然而，如今的美墨边境上演的是偷渡与反偷渡。

因为墨西哥属于发展中国家，比较落后，大批墨西哥人在预备偷渡或者梦想偷渡到美国，因为成功偷渡到美国的墨西哥人一小时的收入相当于在墨西哥本国一天的收入。

2015年8月1日

挪威：斯堪的纳维亚的呐喊

在欧洲历史中，维京这个名字常常与海盗等同。从公元8世纪往后的300年中，斯堪的纳维亚半岛的北欧人，乘坐他们的木质龙头战舰，对北海南部的国家发动了猛烈的攻击，并进行了掠夺。

维京战士呐喊着带有民族自豪感的口号“维京！维京！”，乘风破浪，无坚不摧。直到11世纪，海盗时代结束，文明重新在斯堪的纳维亚的冰原中崛起，维京仍然是刻在这块土地上的永恒称号。

当年海盗船的船员决定下一个掠夺目标前，会有很严密的计划，在商议计划的时候，为了保密，不让外人知道，他们会把海盗船倒扣过来，躲在里面议事，以至于瑞典的诺贝尔金色大厅议事厅的天花板，也采用了这种倒扣的海盗船的设计。

如今，挪威成为世界人均收入最高的国家，幸福指数排名仅次于丹麦，排名第二。

瑞典的诺贝尔金色大厅议事厅的天花板
采用了倒扣的海盗船这种设计

2014年7月26日

瑞典：诺贝尔奖宴会大厅——蓝色大厅和金色大厅

斯德哥尔摩市政厅是一座宏伟壮观设计新颖的红砖砌筑的建筑物，800万块红砖砌成的外墙在高低错落、虚实相谐中保持着北欧传统古典建筑的诗情画意。

优美壮丽的市政厅，每年的诺贝尔奖得主都会在蓝色大厅享用晚宴，然后在黄金大厅内参加晚会。

宴会厅也有“蓝厅”的誉称。每年的12月10日是诺贝尔逝世纪念日，这一天，诺贝尔奖颁发后，瑞典国王和王后都会在宴会厅为诺贝尔奖的获得者举行隆重、盛大的宴会，表示热烈的祝贺。如今，这里俨然成为世界上众多物理、化学、医学、经济学、文学领域专家的毕生追求和奋斗目标。

市政厅内还有一个被称作“金厅”的大厅。大厅纵深约25米，四壁用1800万块约一厘米见方的金子镶贴而成，在明亮的灯光映射下，无数光环笼罩，金碧辉煌。正中墙上大幅壁画上方，是端坐着的神采飞扬的梅拉伦湖女神。这幅镶嵌壁画象征着梅拉伦湖与波罗的海结合而诞生的斯德哥尔摩，是人类向往的美好之地，不仅是一幅现实主义与浪漫主义相结合的艺术杰作，而且是市政厅的“镇厅之宝”。

蓝厅中的诺贝尔金头像

2011年7月20日

丹麦：童话王国

我们在蛇口码头集合，香港—迪拜游览8小时，迪拜—哥本哈根游览6小时。

千万里我追寻着你——美人鱼的故乡，童话王国丹麦。

市政厅广场是《卖火柴的小女孩》的灵感来源之地，阿美琳皇宫是《坚定的锡兵》的灵感来源之地，美人鱼雕像则取材于安徒生童话《海的女儿》。

……

市政厅广场的安徒生铜像就在街边，面朝着蒂沃利游乐场。据说就是因为安徒生从小就想去游乐场，但是一直到死都没去过，所以后人让他的雕像面对着游乐场也算是一个美好的愿望吧。

市政厅广场，《卖火柴的小女孩》的灵感来源之地

美人鱼雕像，取材于安徒生童话《海的女儿》，
为了爱情牺牲生命的美人鱼

阿美琳皇宫，《坚定的锡兵》的灵感来源地

安徒生铜像

2014年7月16日

芬兰：西贝柳斯《芬兰颂》——激荡内心的反抗

如今的芬兰，是一个高度发达的国家，国民享有高标准的生活品质。有人认为圣诞老人的家就在芬兰境内的耳朵山。

但是，历史上的芬兰是多灾多难的，12世纪初被瑞典统治近6个世纪，其间又被丹麦征服，18世纪后又被沙俄吞并。长期的被压迫，孕育了芬兰人强烈的民族反抗情绪。激荡起这种内心反抗情绪的便是西贝柳斯的《芬兰颂》，这是芬兰最伟大的民族主义音乐作品：一首用芬兰民歌和故事以及忧伤的旋律组成的音诗。这首举世闻名的杰作，曾对芬兰民族解放运动的作用是人们无法预料的。因此，有人又把它称为芬兰的“第二国歌”。

1899年夏，处于沙俄统治下的芬兰人民不满于统治者的压迫和独裁政治，掀起了一场捍卫芬兰的自由和维护宪法权利的运动，人们为了声援被迫相继停刊的报界，组织起为新闻记者募集资金的义演活动，在义演活动最重要的一次晚会上，展示了以芬兰神话和历史主题组成的在当时最受欢迎的一系列生活画面，这个节目被称作“历史场景”。

《芬兰颂》就是西贝柳斯为这一“历史场景”所作的配乐。该曲以严峻深沉的引子开始，引出抒情悲叹的主题，随着音乐的发展，情绪趋向高昂，充满战斗的激情；最后以充满信心的辉煌壮丽的尾声结束。这部世界著名的音乐作品，把芬兰人民的民族苦难、战斗意志和必胜信念的时代精神熔于一炉，被认为是芬兰民族精神的象征。西贝柳斯说，《芬兰颂》就像一缕来自旷野的清新空气，这是来自天堂的旋律，纯洁而又令人振奋。

芬兰最伟大的民族主义音乐作品《芬兰颂》
作曲者西贝柳斯纯银头像

2014年7月27日

埃及：一声叹息，一个伟大而悲凉的民族！

一个古老而伟大的民族

四大文明古国之一的古埃及，创造的灿烂的古埃及文明，曾在人类的历史长河中延续了5000余年。

从动物的豢养到纸莎草的种植，再到象形文字的发明等，基于灌溉文明，它是水力帝国的经典范例。这个智慧超群的民族，带给世界一个又一个谜。然而，更令人惊奇的还有宏伟的金字塔和沉思的斯芬克斯。

胡夫金字塔高146.5米，由230万块石头建成，平均每块重2.5吨，大的甚至超过15吨。直到1898年埃菲尔铁塔落成前的4000多年时间，胡夫金字塔一直以世界上最高的建筑雄视世界。

象征古埃及法老智慧和权力的狮身人面像，几千年来在埃及广袤的土地上忠诚地守卫着金字塔下的法老们，它仿佛是古埃及辉煌历史的见证。

距今约4000年的古埃及法老献给太阳神阿蒙、自然神和月亮神的庙宇——卡纳神庙，经历代法老的不断修建，形成了一个长1.5千米、宽0.8千米的庞大的建筑群。柱廊大厅内有很多巨大石柱，中间最大的一排高22米，每柱直径3.5米。由整块石头建成的高达29.2米的方尖碑，雕刻的精美象形文字，令人惊叹。

走在街头，你会赞叹，埃及的女人真美，埃及的男人真帅！他们的眼神清澈而美丽，淡然而宁静。住进埃及的五星级宾馆，感觉埃及人真朴实，真善良！他们自己过着苦日子，却把最好的待遇给客人，让我们真的很感动，很珍惜！

这一切都让人不得不赞叹，这是一个多么古老而又伟大的民族啊！

这是一个沧桑而悲凉的民族！

对比如今的埃及，我有一种莫名的忧伤。和其他文明古国一样，在历史的长河里，埃及历经沧桑而让人顿生悲凉。

由于埃及北接地中海，漫长的海岸线给来自欧洲、亚洲的列强敞开了大门，只要这些列强一踏上非洲大陆，第一个遭殃的就是埃及。

这是一个多灾多难的民族！

公元前525年，波斯帝国侵占埃及；公元前332年，希腊马其顿王亚历山大大帝侵入埃及；公元前30年，罗马军队开进埃及，埃及成为东罗马帝国的行省之一；640年，阿拉伯将领阿穆尔·伊本·阿斯领兵占据埃及；1517年，土耳其人的奥斯曼帝国占领埃及；1798年，拿破仑·波拿巴（即拿破仑一世）入侵埃及；1882年9月，英军占领埃及。埃及名义上从属奥斯曼帝国，实际上沦为英国的殖民地……

正是由于列强的入侵、掠夺和黑暗统治，代表古埃及文明之一的象形文字早已神秘失传，古埃及的多神信仰在罗马皇帝的高度专制下也丧失了生命力，留给人们的只有一堆沉寂的石头。根植于象形文字的古埃及文学，如绘画、雕刻，也随之成为绝学。作为阿拉伯埃及共和国，它们的埃镑、车牌等用的却是印度的数字，而不是几乎世界通用的阿拉伯数字。

说起开罗，政府为什么不抓一抓这个首都的面子工程呢？火车站，感觉就像中国的偏远小镇。导游说当局执政20多年，埃及几乎没发展、没变化。

说起清凉油，既然这么喜欢、需要，为什么不到中国进口？导游说，人民的购买力太低，有人连大饼（他们的主食）都买不起，街上几乎没有超市。这儿的教师月工资只有四五百埃镑（大约5.3埃镑=1美金），也就是不到一百美金。

埃及真的那么穷吗？并不是。光旅游和苏伊士运河的收入就够全埃及人民人均每天收入3美金。埃及的教育和医疗全免费，但水平较落后。此外，埃及还有石油、天然气和尼罗河。但许多产业被垄断，财富都集中到少部分人的手里。他们认为最好的职业是旅游行业和外企，我们的导游月收入六七千，是教师的十多倍。那些垄断产业的巨头更是富得难以想象。

最后一天我们在开罗的一个富人区吃晚饭，那里麦当劳、必胜客一应俱全，与深圳最豪华的住宅相比也毫不逊色。

埃及金字塔

2008年7月

葡萄牙：航海王子强者之路

葡萄牙航海纪念碑是葡萄牙的象征，是为了纪念航海家亨利王子逝世500周年而建的。

亨利王子是葡萄牙国王若奥一世的第三个儿子，他的母亲是英国人。他自幼沉静踏实，喜好钻研，专心致志于既定目标。他刻苦研究了大量历史文献，积累了宝贵的航海资料。他确信，地球上尚有许多未知的大陆等待人们去发现。于是，一个宏大的设想在他的脑海里初步形成。他认定，葡萄牙历史上一个新的时代即将开始。

他远离豪华舒适的宫廷，放弃了婚姻和家庭生活，选择在葡萄牙西南角荒凉的圣维森特角附近的萨格雷斯定居下来，在这里创立了一所航海学校和一个天文台。他从国外聘请有名的宇宙学家和数学家，研究了收集的大量信息。之后，在萨格雷斯开设船坞，建造船只。

经过多年的研究、训练和准备后，亨利王子于1418年首次派出船队出航，并在当年发现了马德群岛的桑托斯港岛，又于次年发现了马德拉岛。其后，他派出的船队相继发现了亚速尔群岛各岛屿。

从15世纪30年代起，亨利王子向当时人类的航海极限发起挑战。他精心挑选了葡萄牙一流的探险家和英勇无畏的水手。这些忠心耿耿为他的航海事业效劳的船长和船员，遵照他周密的计划和部署，先后发现了几内亚、塞内加尔、佛得角和塞拉利昂。

航海纪念碑建于1960年，位于首都里斯本海旁的广场上，气势不凡。该碑的设计师的寓意，不仅是对历史上这些冒险家的牺牲精神表达敬意，而且为他们无比的勇气而深感骄傲。其外形如同一艘展开巨帆的船只，碑上刻有亨利及其他80位水手的雕像，船头站立者就是亨利，其后是其助手加玛，两旁是一些随同出发的航海家，以及葡萄牙历史上有名的将军、传教士和科学家，以纪念葡萄牙300年来开拓海洋的光辉历史。该碑前的地上刻有一幅世界地图，上面刻有发现新大陆的具体日期。

航海纪念碑

2018年1月31日

澳大利亚：没有悉尼大学就没有Wi-Fi

悉尼大学和悉尼塔属自费项目，每人100澳币，有点贵，但悉尼大学确实值得一看，很有英国大学的风范！

悉尼大学留影纪念

传说悉尼大学是南半球最美的大学。原悉尼大学不大，但是建筑非常有历史感。新老建筑相互映衬，在古典建筑面前，像走进了《哈利·波特》里的霍格沃兹，而在现代建筑前很难相信这是高校的建筑，还以为走进了现代的艺术馆。

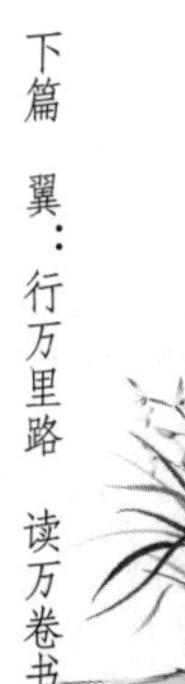

Wi-Fi、冰箱、飞机黑匣子、B超、盘尼西林、宫颈疫苗、第一例试管婴儿、医用起搏器、罗门杆菌等都是悉尼大学发明的，8小时工作制度理念也是这里提出的。

2017年1月15日

新西兰：鸟岛——世界著名的自然奇观

这是《国家地理杂志》评出的全世界三十大美景之一，我认为是整个旅程最值得一看的壮美奇观！

青海湖的鸟岛我也看过，但像这里这么密集整齐排列的鸟还前所未见，这是在澎湃汹涌的太平洋的背景下上演的自然奇观：惊涛拍岸，卷起千堆雪；海风呼啸，翔出无数鸟！

我真庆幸自己的坚持，在其他团员拒绝自费的情况下，我们只有自己乘坐出租车（来回的士费近1500元人民币）前往，真的很震撼！

这些鸟是信天翁，当地叫塘鹅，翅膀张开据说有2米长

2017年2月18日

肯尼亚：太震撼了，这迁徙大军！

真是运气爆棚的一天！亲历肯尼亚马赛马拉河边角马大迁徙！

一切语言都显得太苍白！

还没到河边就看到已经迁徙而来的角马密密麻麻，远看像蚂蚁一样，漫山遍野都是！来到马拉河边，对岸从坦桑尼亚迁徙过来的角马已如敦刻尔克的大军般集结待发，只等头马一跃，便是千军万马，浩浩荡荡，奔涌而来……

每年有140万角马加入的迁徙大军，太壮观，太震撼！！

角马加入迁徙大军

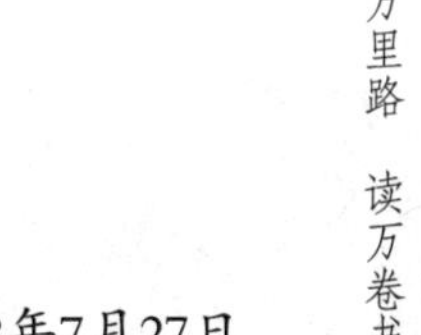

2018年7月27日

泰国：这是《西游记》里的女儿国？

泰国的导游小李非常肯定地告诉我们，泰国就是《西游记》里的女儿国。

泰国家庭是以女性为主的，哪个家庭生了女儿，便会举家欢庆，因为女性是家庭的财产继承人，男性只是在成年礼时象征性地得到一个护身符类的纪念品，就与这个家庭的财产无缘了。

泰国大皇宫

导游说我们游览的湄南河，就是《西游记》里所说的喝了它的河水可以怀孕的河。

不过，我查了一下资料：女儿国在历史上的确存在，据《旧唐书》中记载："东女国，西羌之别称，以西海中复有女国，故称东女焉。俗以女为王。"但是到了唐代以后，史书关于东女国的记载就中断了。

2013年2月

马来西亚：郑和在西洋叫马三保

从新加坡过关到马来西亚，排了近半小时的队，出关后又遇上堵车，据说是因为马来西亚正值马来年过年放假。

傍晚到达马来西亚古镇马六甲，因为中学学历史就对马六甲海峡记忆深刻，所以对此行的这个景点，我抱的期望最大，但因为过关及堵车问题耽误了时间，傍晚才到，还是比较匆忙。

这是一个曾被葡萄牙、荷兰、英国都占领过的地方，加上郑和下西洋留下的深远影响，所以这个很有历史和军事地位的古镇，留下了葡萄牙、荷兰、英国、中国等国的建筑及历史文化遗迹。

纪念明代航海家郑和的三保庙

郑和原名马三保，他的祖先是元代来到中国的阿拉伯人，在朝廷做过小官。元朝灭亡后，马三保作为罪臣后代而沦为太监，成了宦官郑和。

作为明代杰出航海家的郑和，帮助当地马来人脱离了暹罗人（今泰国人）的统治，当地人为了感激他，建了一座庙，叫作三保庙，还封了一座山给他，叫作三保山（后来成了当地华人的坟山）。此外，三保井也是与郑和有关的一处景点。

2013年8月24日

新加坡：他们的优越感，我们的心理落差

下午3：30在中国香港机场起飞，晚7：10抵达新加坡樟宜机场。吃完晚饭游圣淘名胜世界（赌场）；第二天乘船游新加坡河、市中心鱼尾狮广场及购物。

新加坡的导游接机的时候迟到了，让我对新加坡的第一印象打了一个折扣。

新加坡的导游在讲解新加坡时，显示出了对新加坡的高度自豪，因为他们的法制和福利：中心地段房价只要三四千新币（1新币约合人民币5元）；和父母买临近的房子国家补助1万新币（约合人民币5万）

新加坡鼓励年轻人生孩子，第一胎国家奖励1万新币；注重环保，不鼓励买车，一个车牌价要七八万新币。

新加坡没有资源，什么都要靠进口。例如，水要从马来西亚进口、肉类从印尼进口、鱼类从菲律宾进口，甚至人才都要进口。

新加坡人没有石油但是却有巨大的炼油厂，没有钻石却有先进的钻石加工技术；从马来西亚进口的河水3分钱（新币）一加仑，经过他们加工成瓶装水就变成5毛钱（新币）回卖给马来西亚，甚至以几美元卖给过往游轮，所以新加坡虽然没有资源，却因为有高科技和精明的商业头脑，成了富裕的国家。

新加坡人太有优越感，这对我们游客来讲并不是好事，因为旅游资源开发得早，旅店设施其实比较陈旧，再加上精明的商业观念，服务质量远没有马来西亚好。同样是风湿油和旅游纪念品，购物点的东西也比马来西亚贵很多。

新加坡高薪养廉，高度法制。源于英国殖民时期的鞭刑，英国早已废弃，新加坡却还在使用，这使得新加坡很廉洁，很安全！这一点是让人欣赏的。

总之，置身新加坡市中心，感觉和中国香港的维多利亚港很类似，至于说国际花园城市，深圳的绿化也不会逊色。也许是期望值太高，对在新加坡的行程反而有点落差。

鱼尾狮广场

2013年7月23日

罗卡角：欧洲的天涯海角

经过广州—巴黎12个多小时，巴黎—里斯本2个多小时，加上转机中的3个多小时，我们终于来到葡萄牙首都里斯本。

第一站到达罗卡角——欧洲人的天涯海角。

纪念碑上刻的是“陆止于此，海始于斯”，这是欧洲的最西角。

茫茫大西洋，对于15世纪的葡萄牙人来说，有多少未知的挑战？当年哥伦布等航海勇士从这里出发，九死一生的幸存者归来第一眼看到的这罗卡角，就是他们心灵的灯塔、精神的家园吧！

十字架纪念碑（数字表示的经度和纬度说明此地是欧洲大陆的最西端，文字刻的是“陆止于此，海始于斯”）

2018年1月30日

好望角！好望角！！

好望角，我来啦！

Cape of good hope！好望角！

这个地理书上的一个美丽名词！

这个历史书上一个大航海时期划时代的地标！

这个俯瞰如同巨兽的三个趾爪的好望角！

这个让曾经的葡萄牙探险者迪亚士葬身海底，又让达·伽马功成名就的风暴角！

这个一直被误认为是大西洋与印度洋分水岭、非洲大陆最南端的好望角！

下图为好望角留影。

南非开普敦好望角留影

2018年8月1日

英国海培日志

10月16日

深圳市教育局第十期赴英海培欢送仪式

2012年10月16日　星期二　晴

上午9：00，在深圳市民中心2119室，举行了市教育局第十期赴英海培欢送仪式。

赴英海培欢送仪式

会议由市教育局人事处黄东明副处长主持。

市局周荣宇科长宣布我们海培班班委党支部成立。

市局李永华书记做了重要指示，要求我们：

（1）珍惜机会，提升能力。

（2）不辱使命，增进友谊。

（3）遵守纪律，保障安全。

副班长袁智斌老师带领我们全体海培人员宣誓。

班长张雪强表态发言：我们24人是优秀集体，每一个人都有闪光点，有大气、正气、才气，我们即将扬帆起航，我们定会珍惜来之不易的机会，“牢记嘱托、肩负责任、严守纪律、谨言慎行、明确目标、团结互助、认真学习、积极调研、确保安全、报效人民”……

会议气氛庄严而热烈。

会后，国际交流中心曾女士对出发前的具体要求做了统一安排。

10月18日

平安抵达伦敦希斯路机场

2012年10月18日　星期四　晴

昨天下午6：30，我们从深圳湾口岸集合，11：30从香港机场出发，从莫斯科上空飞过，横跨欧亚大陆，历经13个小时，于伦敦时间5：35（北京时间12：35），平安抵达伦敦希斯路机场！

香港机场留影（36号登机口，前往伦敦希斯路机场）

10月18日

晓来谁染霜林醉

2012年10月18日　星期四　雨过天晴

令人惊喜的是，从伦敦到华威大学，沿途风景如画，难得的雨后天晴，空气清新滋润。

这里的秋色正浓，枫叶正红，不禁让人感叹晓来谁染霜林醉……

在华威大学校园留影纪念

10月18日

我的寄宿家庭（homestay）很和善

2012年10月18日　星期四　雨过天晴

也许听多了以前的海培学员对寄宿家庭的种种比较负面的评价，说实话，来之前我最担心的是住在寄宿家庭遇到的许多不便，其中最严重的似乎是吃不饱饭和主人的过于严谨。

现在，我感到自己是如此幸运。我填写的对住家的要求，几乎都能得以满足。

因为我的住家是那么和善，家庭气氛是那么和谐，家里是那么整洁干净，没有宠物，网络很畅通。

男主人约翰是个艺术家，热情和蔼；女主人艾琳，是个家庭主妇，朴实诚恳；他们有两个女儿、一个儿子，大女儿和儿子读大学，最小的女儿已经是高二学生了，长得很漂亮。

住家的房子是两层的别墅，楼下是客厅和花园，楼上有五间房，我和望望各一间，挂衣橱、镜子、桌椅都很方便，有家的感觉。

昨天下午，大家熟悉完校园环境，等待住家下班来接的时候，我们的住家是第一个到的！可以说我们整个团，都因为他们的到来而倍感惊喜了！我和望望是在大家的目送中，幸福而又依依不舍地离开的。

在望望和住家热情沟通的时候，我看着窗外，想到车越开越远，离开大部队，好像不知如何回去，好像一切都渐行渐远，忽然泪流满面，赶紧记住车外的标志，想把它拍下来，在拍照之前，我想到凯西老师说过，做什么事最好先问问可不可以，便让望望用英语询问。

和住家一起聚餐

男主人非常热情地回答：什么都别在意，因为我们是一家人了。我心中的疑虑打消了不少。

到了他们家，他们的热情友好让我很感动，他们读大学的女儿还通过视频向我们问好，家庭氛围很好。和他们共进晚餐，食品很丰富，水果就有好几种，如苹果、提子、香蕉、小番茄，不存在吃不饱的问题。后来，女主人让我看我们冰箱里及储藏柜中的各种食物，告诉我们明早要吃什么就自己拿。

所以，昨晚和今早，我都吃得很饱，营养绝对超标。

总之，我的寄宿家庭（homestay），让我打消了对英国人乃至对以前认为的外国人的偏见，其实他们很有家的观念，也很和善……

10月20日

文化考察：剑桥大学

2012年10月20日　星期六　晴

今天，华威大学组织我们文化考察，去的是剑桥大学！位于伦敦北面25千米以外，举世闻名的剑桥大学既没有围墙，也没有校牌，镇校一体，整座校园

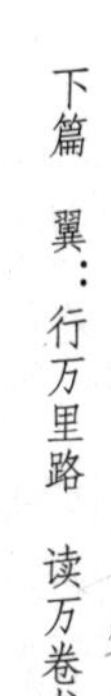

郁郁葱葱、古色古香，别具一格。

这是一所世界顶级学府，不论其文化底蕴还是校园环境，都让我们赞不绝口！

剑桥国王学院（King's College）是剑桥大学内著名的学院之一，成立于1441年，由当时的英国国王亨利六世创建，因而得名“国王”。最初创立时只有1名院长和70名学生，全部来自伊顿公学。当时国王学院是专门为亨利六世所创的伊顿公学的毕业生而建立的，不收其他学生。为了显现国王的雄厚财力，学院建立之初就追求宏伟壮观的建筑，而其建筑群中最著名的当属国王学院礼拜堂，它耸入云霄的尖塔和恢宏的哥特建筑风格已经成为整个剑桥市的标志和荣耀。

剑桥国王学院，包括剑桥大学一些著名的古老学院，都坐落在剑河旁边。其中气势最宏伟壮观的建筑物，就是国王学院的教堂。它那巨大的彩色玻璃窗，早已成为大学和小城的地标。

在大片的公园和草坪中，点缀着座座古色古香的教堂和学校建筑，令人宛如置身于久远的都铎王朝年代，思古之情油然而生。

除了学术气氛浓厚的学院以外，小镇上还有20间教堂，其中部分历史悠久，也有不少是建筑风格非常独特的。

在剑桥镇逛街的时候，人们往往会突然意识到自己正置身于当年鼓舞牛顿、达尔文、米尔顿等科学名人、文学名人追求学术上精益求精的环境中，也顿悟出人和历史的关系竟然如此紧密。

剑桥国王学院

10月20日

文化考察：在康河的柔波里

2012年10月20日　星期六　晴

徐志摩的一首《再别康桥》让我们对剑桥多了一份美丽的遐想和浪漫的期待。

“在康河的柔波里，我甘愿做一条水草”，如今的康河里，已没有水草，但有来自世界各地的游客，让康河多了一份繁盛。给我们撑船的小伙子，都是剑桥的毕业生。

“那河畔的金柳，是夕阳中的新娘”，那尽染秋意的梧桐红叶，可是康河的嫁衣裳？

剑桥是一个拥有大约10万居民的英格兰小镇。这个小镇有一条河流穿过，称为“剑河”（River Cam，也译作“康河”）。

剑　河

剑桥大学本身没有一个指定的校园，绝大多数的学院、研究所、图书馆和实验室都建在剑桥镇的剑河两岸，以及镇内的不同地点。人们常说，剑桥之美融合了乡间的宁静和古典建筑的精美，更突显其跨越时代气质。

剑河弯弯曲曲，穿城而过，垂柳沿岸，一派田园风光！坐着平底小船，悠然欣赏大学城的风景点，那些早已成为剑桥的传统和特色。

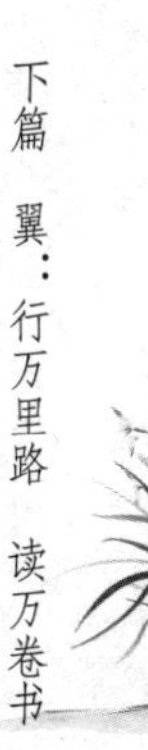

10月21日

文化考察：伯明翰——全世界最大、最集中的工业区

2012年10月21日　星期天　晴

今天是休息日，我们相约去伯明翰。

伯明翰是英国第二大城市，离我们住的考文垂镇，坐火车需要27分钟。

住家主人约翰，送我们到考文垂火车站，要用5分钟左右。

来英国四天了，在华威，在剑桥，在考文垂，都是石头或砖头建造的古朴坚固的小洋楼，周边有大片的绿草和遒劲的大树，一派田园风光。

到了伯明翰，又看到了现代都市的高楼大厦，一派繁华景象。我们碰巧遇到了教堂广场正在举行一个纪念第二次世界大战的仪式，庄严，隆重。

火车站附近是现代风格的高楼大厦，而市政大楼及维多利亚广场，是典型的罗马建筑，又有古典风味。可以说，这个城市融现代与古典为一体了。

我们参观了伯明翰艺术博物馆后，自由活动，下午5点钟返回考文垂。

考文垂火车站

10月22日

学校参观：Rugby High School（拉格比中学）

2012年10月22日　星期一　晴

今天和明天的行程，是到中小学参观访问。华威大学的班主任把我们24人分成5个小组，以组为单位活动，学校安排的士接送，去不同的学校。任务是听课、座谈、传播中国文化。

我们小组很荣幸，分在Rugby High School（拉格比中学）参观学习。Rugby，是橄榄球的代名词，也是美国一个以橄榄球为标志的服装品牌，这里是橄榄球的发源地，是一所有名的女子中学，大概相当于我们的重点中学，初一入校要经过严格的考试，高中可以直升，据说每年有15%的毕业生能考入剑桥大学。太厉害了！

在校学生初一到高三，总共776人，教师57人，午餐在学校吃。

因为学校安排了两节中国文化展示课，所以我们四人又被分成了两组，分别上一节展示课。原来华威大学布置只要20分钟内容，到了这里才得知50分钟一节课，这可辛苦两位英语老师了，幸亏望望和斌斌两位英语老师都很棒，她们分别主讲，我们和福玲老师分别做配合，两节课效果都很好！

她们的英语课相当于我们的语文课，这是一节选修课，老师很漂亮、很性感，她上的是阅读展示课，全班10人分两组展示。

我们还参加了她们的周一晨会（相当于国旗下讲话），听了一节英语课，一节西班牙语课，下午在校长室和校长座谈。

印象最深的是：我们4人去听课，换教室和与听课老师沟通，都分别由一个小姑娘引导。用一节课的时间参观校园，全程也由这两个小姑娘引导并讲解，这两个小姑娘是一个班的学生，今天她们值日，全程参与学校接待工作。我还在想，她们落下课怎么办，但人家这是锻炼能力呀。每个人都要轮流值日，给学校后勤人员减轻了很多负担，这两个值日生就相当于完成了办公室人员的工作。

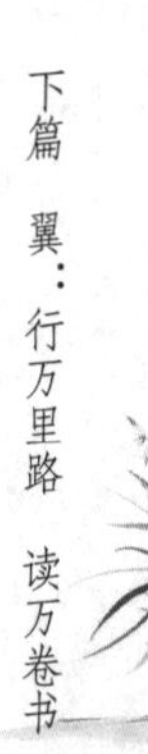

橄榄球运动起源于拉格比中学，产生于公元1823年。据说，当时足球已经风靡欧洲，特别是在英国，比赛十分激烈。在一场校际足球比赛中，威廉·韦伯·爱利斯因求胜心切，双手抱球冲进球门。韦伯的犯规行为引发了他们的思考：如果足球比赛不仅可以用头、脚传球，也可以用手持球传球或以脚踢球，那么比赛一定会更好玩、更刺激、更精彩。从此在拉格比中学，学生可以用手、脚、身体玩足球。在游戏过程中，通过深入探索和不断积累，拟订初步的游戏规则并不断地改进与发展，橄榄球运动因此而诞生了。为了纪念橄榄球运动的诞生，发起者将该项运动称为“Rugby Football”，即拉格比足球。

橄榄球运动随后扩展至欧洲各国及大英国协所属国家与地区。重要的国际比赛有欧洲的六国锦标赛、南半球的三国橄榄球赛以及世界杯橄榄球赛。

与美女老师合影

10月22日

微记录：拉格比中学的艺术和设计室（art and design）

2012年10月22日　星期一　晴

在拉格比中学参观，最震撼的要数她们的艺术和设计室。走进这个设计室就仿佛走进一个各式各样的手工作坊。这里有缝纫、插花、木工甚至打手镯，这才是真正的教育，不仅是知识，还有生活能力。

学生的作品会展示在学校的很多过道墙壁上，正所谓让墙壁说话。

学生手工作品

10月23日

学校访问：与土耳其留学生座谈

2012年10月23日　星期二　晴

今天继续在拉格比中学访问学习。

听了一节班会课。这个学校每天早上都有25分钟的简短班会，有班主任点名，强调纪律或者当天班级工作布置，也有学生自己展示，今天一个学生就推荐了一首歌——《who are you》，全班看视频，欣赏，教室很安静。

与土耳其留学生一起座谈

有一节课时间，是安排了一个土耳其留学生和我们座谈。这个留学生来英国也只有4个多月，是来自中东技术学院的大学生，来此实习交流一年。因为我在2008年去过土耳其，所以就伊斯坦布尔和波斯图鲁斯海峡与他做了简短的交谈，他似乎比较惊喜。他的帅气和单纯给我们留下了深刻印象。

听了两节生物课，第一节小组分享展示，第二节教师讲授新课《蛋白质》。18个人一个班，12年级的学生，相当于我们的高三，但她们是13年制，还有一年才毕业。

10月23日

文化考察：考文垂大教堂

2012年10月23日　星期二　阴雨

今天下午，从拉格比中学学习回来，我们便来到考文垂市中心文化考察。正好遇到班长他们组，一阵惊喜：世界其实很小。

这里有两座教堂，很有些历史。最令人惊喜的是，在教堂附近的草坪和树上经常能够看到松鼠的身影，环境特别清幽，古朴。

考文垂市两座教堂

10月25日

功课：分享学校参观收获

2012年10月25日　星期四　阴雨

两天的分组学习考察后，中小学学习结束，今天回华威大学上课，和同学们见面，好像分别很久似的，倍感亲切。

班委给每个老师一份中国特色礼物

上午的课，先上Fei老师的电脑技术课，因为她是台湾人，普通话很标准，相当于双语教学，所以听得很轻松。

接下来是Penny老师的课，主要是参观学校心得分享，分小组展示。我们组的斌斌老师实在太能干了，她已经做好了一个很好的课件，我们几个再简单讨论一下，由她上去展示，非常成功！

午餐后我们到校园转了一圈，感觉很是美好！

下午上的是Russell老师的课，介绍Baths镇的文化。

10月25日

文化考察：利明顿（Leamington）

2012年10月25日　星期四　阴雨

今天放学后，我们几个住考文垂的教师决定去另一部分住肯尼沃斯的教师那边看看。肯尼沃斯和考文垂，分别在以华威大学为中心的两个相反方向，沿

途的田园风光很是迷人。

来英国之前，听同事说她以前住的肯尼沃斯小镇特别漂亮，我在填表时还注明想住那里，不过在考文垂住也很美。

利明顿街头

我们坐车到利明顿，这里比考文垂中心还要繁华，街道整洁。来过的斌斌老师说，这里有一个特别漂亮的公园，我们值得去参观。看到路边一个CLACKS店就提前下车，收获不小，购得皮鞋、挎包各一。后来又听蔚蔚电话，说那边有新发现，运动体育用品一律五折，于是我们又会合到一起，继续购物，每人都很有收获，我也收获了两双耐克鞋。

10月25日

功课：教育技术和交流技能

2012年10月25日　星期四　阴雨

今天的功课分两个组进行，分别是Fei老师的教育技术课和Cathy老师的交流技能课。

Fei老师讲课

Fei老师从网络技术改变学生、改变学习观念、改变教学技术几方面入手，给我们介绍了很多分享网站、博客、播客等的运用功能及技巧。她的课生动有趣，技术含量高，让我们受益匪浅，我很喜欢上她的课。她还给我们布置了家庭作业，要到她的维基网站上完成。

Cathy老师的交流技能课生动活泼，安排了好几组的英语模拟对话，非常有趣。她还两次提问我，让我和斌斌、琪琪分别模拟对话，挺有压力，也挺有收获。

10月26日

英国第一周饮食

2012年10月26日　星期五　阴

看了以前海培同事的博客，我是做好了来英国挨饿、正好减肥的打算的，所以很多学员的行李箱里装了不少方便面等食品，我只装了六小包榨菜，别的都没带。

来英国整整一周了，我发现并没有传说中的那么可怕。我们每天和住家的家庭成员共进晚餐，不限量，吃得很好，很温馨，而且每天还有餐后甜点或水果沙拉。

现在看来这个希望要落空！

早餐冰箱里的食品随便吃，我们一般都是一杯牛奶，两片面包，一个鸡蛋，一个苹果。

我相信人与人之间真的是有缘的，我越看越觉得住家女主人艾琳，是那么和善，那么能干，我真的很感动。她每天给我们准备丰盛的晚餐，餐后甜点或者水果，我们每天都吃得很好。

住家今天为我们准备的晚餐

10月26日

功课：华威的非洲支教和英国文化大观

2012年10月26日　星期五　晴

今天的功课，是Pam老师关于华威大学的非洲支教活动课和Cathy老师的关于英国文化大观课。

我们组合影

Pam老师真的很高，她的课由Fei老师任翻译，我们听得还是很明白：华威大学的数学系是英国的前三名，因为华威大学认为英国的学校数学教育比较欠缺，便利用暑假派出学生到学校支教。

非洲支教活动的组织发起者是个银行家。2006年暑假，他们募集3万英镑，派出12名大学生到非洲支教，试图通过数学和英语让非洲儿童从贫困中解放出来。

至今，华威大学已派出184名学生，14个专业的教师，教过非洲的9万多名学生，培训了580位非洲教师，取得了好的效果。

我们的支教活动都是政府出资，而华威的支教活动资金全是募捐得来，真是不简单。

Cathy老师的英国文化大观课上，一开始提问关于中国的家庭状况，当得知中国的父母有的住在子女家，对子女特别照顾后，一向活泼可爱的她竟然流泪了，因为她的父亲粗暴、赌博，对她一点都不好，从不给她钱；她的妈妈17岁结婚，21岁就生了4个小孩，精神几乎崩溃。她妈妈心脏不好，不宜再生孩子，可她的妈妈又生了4个小孩，共8个，好像后来就死了，她12岁就要照顾4个弟妹，真是心酸，所以后来看到小孩都怕了，以至于如今54岁仍没有孩子。

英国30%的家庭还是男人赚钱养家，家务由女人承担，我的住家，女主人艾琳就是家庭主妇，家里经济条件挺好。

英国一般的双职工家庭的年收入在3万到4万英镑，也就是人民币三四十万元。

英国的离婚率比较高，以2009年为例：结婚23.5万人，离婚11.5万人。单亲家庭占了25%。有些不负责任的男人留下孩子不管，孩子问题由政府买单，这已成为英国一个比较严重的社会问题。

10月26日

周末Party：我们家的饺子宴

2012年10月26日　星期五　晴

在异国他乡，开这样一个Party，举行一次这样的饺子宴，真是不容易。

感谢我们住家的男主人约翰提供这样的机会，感谢望望、娄娄、果子、园园、秀秀、张老师、刘老师、雷老师等的聪明能干，感谢所有同事的赏光。

很有成就感！

我们包饺子聚会留影纪念

10月27日

文化考察：巴斯温泉古镇——上帝创造的奇迹

2012年10月27日　星期六　晴

今天周六，阳光明媚！我们来到巴斯温泉古镇进行文化考察，这里离考文垂有2个半小时车程。

Bath！巴斯！英语“洗澡”一词来源于此，这是古罗马人“洗澡”（泡温泉）的地方！

据说，在公元前43年，罗马大军入侵英国，行军途中在巴斯发现了温泉，古罗马人深信此乃上帝创造的奇迹，便在温泉附近建造宏伟的神殿，供奉泉神萨利丝·米涅尔瓦，命名该泉为萨利丝泉，视为“圣泉”。

感觉最好的是里面有中文讲解的耳麦，模拟场景的多媒体播放，效果很不错。

巴斯温泉

巴斯温泉是英国唯一的温泉，如今已被列入世界文化遗产。其发源于地下3000米左右，水温终年保持46℃。泉水中富含43种矿物质和微量元素，既可放松神经，也可治疗疾病。随着岁月的推移，当地居民也逐渐形成了一种以温泉为核心的独特文化。

10月27日

文化考察：简·奥斯汀故居

2012年10月27日　星期六　晴

今天在巴斯最高兴的是看到简·奥斯汀故居。

这个宁静而古老的英格兰西南部小镇巴斯，最迷人的不是它温婉悠长的雅芳河，或是古罗马帝国在此修建的皇家浴池，或是尖顶大教堂，而是因为她曾在这里居住。

她——简·奥斯汀在这里，遇见生命中的达西先生，却终究没能像《傲慢与偏见》中一样在一起，这段不完美的爱情却给这座小镇赋予了神秘的魅力，让来往穿梭于此的人们不禁想探个究竟。

简·奥斯汀来到巴斯这座小镇，她为线条优美的皇家新月楼（Royal Crescent）流连驻足，她迷恋于这的英国古典建筑。她行走在巴斯的小道上，为街角橱窗中摆设的服装、首饰静谧、踌躇，不经意地抬头，竟感受到了心跳。她与她的“达西先生”在这里遇见，分开。她在婚姻与现实中挣扎，却终究没有逃离现实的宿命，由于经济原因，她放弃了真爱，而对真实爱情的崇拜又让她拒绝了富裕绅士的求婚，最后简·奥斯汀选择了不嫁的单身生活，将对爱情的热情融入自己的创作中，选择了不一样的自由生活。简·奥斯汀在1801年随退休的父亲迁居到了这个城市，并在这里起草了成名作《傲慢与偏见》《劝导》和《诺桑觉寺》等作品。

每年9月份，小城巴斯都会举办为期数天的简·奥斯汀艺术节。所有的民众和游客都会身着18世纪后期的服装，组成长长的队伍，在巴斯最繁华的街道进行游行和表演，展示对英国著名作家简·奥斯汀的怀念和尊敬。多少年来，人们被简·奥斯汀的文学作品深深影响，许多女性对于婚姻、爱情、家庭的观念都来自她的小说，而她未嫁的一生却让人无限遐想，于是有很多电影都是关于简·奥斯汀的爱情，如英国BBC在2008年制作的《简·奥斯汀的遗憾》（*Miss Austen Regrets*）。

与简·奥斯汀雕像合影

再多的故事都不足以讲述她曲折的感情，唯有来到巴斯，这个她爱情的最初的地方，走过她走过的街道，驻足于她流连过的橱窗，你才能体会那一段美好或遗憾。

10月28日

微记录：今天改冬令时了

2012年10月28日　星期天　雨

今天开始，由夏令时改为冬令时了，与国内的时差就由7小时变成8小时了。

昨天在车上，有的老师已经把手机调慢了一小时，但到了今天，智能手机又自动调慢了一小时，等于累计调慢了两小时，以至于有的老师一大早就在群里确认时间，个别萌萌的老师8点多了还耗在床上，误以为才7点多，差点误了8点半的车。

我带了手表来是明智的，不存在这个问题；苹果手机，一到英国就自动更新成这里的时间，昨天没调，今天也自动调过来了。

10月28日

周末血拼：比斯特村

2012年10月28日　星期天　雨

今天是星期天，我们集体包车去比斯特村。

据说这里集各种品牌于一村，而且折扣非常大，在网上查询了一下，都说如何如何便宜，但是昨天与住家的人说起，他们都觉得，那里的东西very very expensive（非常非常贵）。

今天一去，很多店还没开门（一般10点开）。走到Burberry，门口用中文字幕，11点半进去看，12点才正式营业；看了一下Dior，以前还以为只是化妆品，哪知这里全是衣服，价格几千、几万元不等，即使打折也very very expensive（非常非常贵）。

大家调侃，看来只是来看看而已，整条街到处是中国人。

不过，后来在英国本土老牌子奇乐和美国牌子酷奇的店中，我们感觉价格比较能接受，大家各有收获；Burberry虽然偏贵，但几个年轻的靓仔靓妹还是买了，我看了一下主要是没有合适的；最后在雅诗兰黛专卖店，还是挺有收获的。

下午5点钟回到车上时，已经是人人满载而归了。

购物达人

10月28日

功课：教育评价与评估

2012年10月28日　星期日　晴转雨

今天的功课，全班一起上，是由华威大学应用语言系的Dr.Gerard Sharpling讲授的英国学校的教学评价与评估。

与Dr.Gerard Sharpling合影

2010年之前，从1989年开始的全国课程标准，学生在7岁、11岁、14岁都会有全国统一的会考，全国排名，发布在媒体上，GCSE成绩要5个C以上才算过关。

对学校的评估和对学生的评价，注重学生的进步情况，层次不同的学校，只要学生在校进步了，就是好学校。当地教育主管部门也要接受全国评估。

英国学校动不动就全国评估和会考，看进步的标准，对不同层次的学校是公平的，但牵涉到方方面面，据说多到20多个项目要评估，层层行政把关，太费时费力。

所以，2010年联合政府（保守党和自由民主党）上台后，大概是因为金融危机，财政上开源节流，开始改革，课程标准不是全国一致，不论哪个财团，只要有实力都可以办学校，评估项目也由以前的20多项简略成4项，基本就是侧重看最后成绩了。

从评估的信度、效度、自我实现预言等方面，各有千秋吧……

不同的评价导向，肯定会培养出不同类型的人才。Dr.Gerard Sharpling认为中国的学生记忆力好，个人目标明确（中国人注重现实）。举个例子：英国考历史，把一大堆历史资料印给你，让你去评述；而在中国，这一大堆历史资料是要记到脑子里的，因为这就是考点。

10月29日

微记录：第一次独自回家——英国的公交

2012年10月29日 星期一 晴

因为和能干的英语老师望望住同一家，平时上学或回家，问路或者认站台都是依赖她。这英国人民说英语，似乎不怎么停顿，我自己那点英语水平严重不够用。

今天放学后，她想去考文垂中心购物，我却想和另一部分教师去利明顿杰斐逊公园，完全相反的方向，于是就面临独自坐公交回家的问题。

黑王子大街公交站

逛到下午5：00开始往回走，天已经基本黑了，从利明顿乘U1到华威大学，再转801路到考文垂方向回家，要一个多小时。因为我们家住的最远，和其他几个教师分开后，还有一段路我要一个人走，英国的公交是不报站也没有售票员的，有的站甚至没站名，全凭自己认标志，判断下车地点，你要下车，就按扶手边的STOP键，否则司机到站是不停的。因为英国人太少，很多站既没人上也没人下，司机也不用站站停。

下午6：10到我要下车的黑王子大街，还要步行五六分钟，路上几乎没一个人，顺利到家，倍感亲切，很有成就感。

再说说英国公交吧，感觉实在落后，司机要兼任售票员，每个人上车在车门口就要问清楚多少钱，由司机卖好票、找好钱再进去，太浪费时间，幸亏人不多。

因为人少，很多车半小时才有一趟，错过一班，就得在寒风中等上半小时，所以等英国的公交要考验运气和耐心，等上几十分钟是常事。街上的士更是很少，据说要预约。

更让人费解的是，大部分车都是单向循环，那么多数字英国人似乎不够用，同一路车，有不同的方向之分，如我们坐的801路，有往Hospital方向的，有往Grenn方向的，这两个方向几乎毫不相干，其实相当于两个不同路的车，但人家车号却都是801，所以如果你站对了站台，看对了车号，也有可能坐到不同方向的车，有老师就因大意上错车，绕了一个多小时，回到原位……

我上学的车站：黑王子大街，站台是没名字的，只是从里面很小字的时刻表上判断出，这是black prince ave站（几天前早上上学拍的）。

10月29日

微记录：华威大学的社会科学系

2012年10月29日　星期一　晴

昨天因为网络问题，传不了照片。现在是英国早上7点，刚起床，补一个微记录。

改了冬令时，不用摸黑起床，早上好像多出一小时来，比较从容，今天上学去得早，我们在TSECE提前下车，走了一段路，感受校园的美景。

感受校园的美景

来到我们上课的社会科学系，还有半小时才上课，教室门一般要等到上课前老师来了才开，我们便在外面聊天拍照。

10月29日

文化考察：利明顿杰斐逊公园

2012年10月29日　星期一　阴雨

补记周末文化考察：上次去利明顿，冲着这个据说很美的公园而来，却被路边的商店吸引，变成大采购，昨天特意再去文化考察。

坐车极其不顺，我们持的考文垂方向的公交卡，利明顿方向的车却不让上，要1.9个胖子（英镑的镑发音像胖，我们就把英镑调侃为胖子）买票，我们几个不甘心，最后采取曲线救国策略，坐车回考文垂方向，再坐回华威，然后往利明顿。车很难等，为了省这1.9个胖子，我们多花了一个多小时，意识到这一点，我们互相解嘲打趣，笑得前俯后仰。在国内，随便打的，从没这样省，主要是心理不平衡。

公园留影

10月30日

功课：英国文化大观与教育技术

2012年10月30日　星期二　晴

今天上午的功课是Cathy老师的英国文化大观课，下午是Penny老师的教育技术课。

继上次的关于英国的婚姻家庭内容，这次Cathy老师讲的是关于英国的房子及物价问题，课前播放的《伦敦街头》这首歌反映的是伦敦街头无家可归的老人的凄惨故事，听得我不停地流泪。整节课围绕房子问题，反复涉及英国经济萧条，很多无家可归的人的艰难处境。

Cathy老师的英国文化大观课

伦敦是用灵魂和黄金铺就的街道（the streets are paved with gold and soul）。英国的次贷危机让多少人流落街头！

下午的教育技术课针对英语老师多些，主要介绍很多英文网站的资源内容，听英语老师说很管用。不过全是英语，即使内容再好，对我们而言还是很费力。Penny老师很专业和敬业，我们提的每一个问题她都认真解答，操作示范！

10月30日

微记录：催人泪下的《伦敦街头》

2012年10月30日　星期二　晴

今天在Cathy老师的课上，大家听了几遍这首歌，听得我泪流满面——

歌词：

Have you seen the old man 你可曾见过那么老的一个人

In the closed down market 在市场打烊后

Kicking up the papers with his worn out shoes 拖着他破烂了的鞋子，踢着被丢弃的报纸

In his eyes you see no pride 在他的眼睛里你看不到自豪的神采

Hands held loosely by his side 双手散漫地垂在身旁

Yesterday's paper, telling yesterday's news 过期的报纸上，写着过期的故事

Have you seen the old girl 你可见过那年华不再的女子

Who walks the streets of London 姗姗走过伦敦的街头

Dirt in her hair and her clothes in rags 披着她灰脏的头发和破碎的衣服

She's no time for talking 她没有空儿停下来聊点什么

She just keeps right on walking 就只是一劲儿向前走着

Carrying her home in two carrier bags 带着两只旅行包，那是她的全部家当

In the old night cafe at a quarter past eleven 十一点一刻，古旧的咖啡夜店里

The same old man sitting there on his own 还是那同一个老人独自坐在那儿

Looking at the world over the rim of his teacup 越过他茶杯的边缘看着这个世界

Each tea lasts an hour, and he wanders home alone 每一杯他都会喝一个小时，然后拖着孤独的脚步回家去

So how can you tell me you're lonely 你怎么能告诉我你是孤独的呢

And say for you that the sun don't shine 说太阳都不肯为你散发光亮

Let me take you by the hand 让我牵着你的手

And lead you through the streets of London 带着你走过伦敦的街头吧

I'll show you something 让你看看那儿发生的事情

To make you change your mind 它们会把你来改变

链接：http://www.tudou.com/programs/view/yGXFKCPTD2o/

10月30日

微记录：在寒风中凌乱

2012年10月30日　星期二　晴

今天放学后，我们5个考文垂方向的教师去超市买了点东西，下午近5点10分来站台等车，可能是下班堵车，我们等了一个多小时才等到，可谓在寒风中凌乱。

英国的公交车

10月31日

功课：教育技术与英语发音

2012年10月31日　星期三　阴雨

今天上午是Fei老师的教育技术课和Cathy老师的英语单词记忆秘诀，下午是Jane老师的英语发音训练课。

Cathy老师教我们英语记忆技巧

因为鼠标坏了，触屏一点都不熟，Fei老师的教育技术课，我当了一回后进生，手忙脚乱，幸亏高手Hyman及时指导。内容主要是注册维基用户，学习编辑文字及图片，创建维基网页，有点像我们的博客，但因为全是英语页面，顾了听，顾不了触屏操作。

Cathy老师教我们记忆英语单词的技巧，根据上下文猜读，我得到她的表扬，词汇量越来越大，很是惭愧，这些日子几乎都没记单词。她还给我们现场做了一个小测，压力挺大，12道题，其他几个非英语老师只对了4个，而我对了7个。

Jane老师教我们英语发音技巧。重点是连读，大家好像小学生一样，有模有样地读，老师好像讲的是美式英语，因为旁边的英语老师都觉得有的连读法比较夸张。不过还是挺有趣，特别是听她读英语打油诗，很有味道。

11月1日

功课：英国节日文化与网络安全

2012年11月1日　星期四　阴雨

今天的功课是Jane老师的英国节日文化与Fei老师的网络安全。

英国的节日除了我们熟知的圣诞节、复活节、情人节、愚人节、万圣节等，今天我还知道了他们有丰收节、焰火节（11月5日）、五月节、同性恋节等。各个节日都有其来历、特殊意义与不同的庆祝方式。

Fei老师的网络安全，以丰富的事例让我们知道网络安全的必要性，以及英国政府及学校的预防措施，真是触目惊心，发人深省。

Jane老师给我们讲英国节日文化

11月1日

微记录：考文垂的TKMAX

2012年11月1日　星期四　阴雨

首先，热烈庆祝一下，我们几个今天用焖烧壶焖的午饭都很成功！

放学后，我们几个801车次的老师本来想去听学校艺术中心的音乐会，但是去晚了，满员了。斌斌和秀秀的住家都推荐考文垂的TKMAX价廉物美，于是，我们早上坐在车上就计划下午去的。不过去了以后，我感觉没什么可买的，望望和秀秀她们还是有所收获的。

焖烧壶做的午饭

11月2日

文化考察：苏格兰五日

2012年11月2日　星期五　阴

今天9点（北京时间17点）出发，我们将要去苏格兰文化考察五天。

那里是英国的最北面，车程要五六个小时，纬度比哈尔滨还要高，据来华威为期三个月学习的经常和我们同车的北京工业大学的老师，从那回来后告知，那边有些地方已经开始下雪了，所以我们都准备带上最保暖的装备。

英国的旅行社比较怪，除了早餐是酒店自助，中晚餐都不管，据说苏格兰比较田园风光，买吃的比较不容易，所以还得带足食物。

日期		简介	膳食	行程	酒店
1	11月2日	华威大学 湖区	N/A	（1）9：00从华威（历年固定的两个集合点）接团。 （2）全团出发，前往湖区，游览英格兰最漂亮的国家公园的湖光山色。 （3）湖区是英国历史上湖畔诗人和著名童话《比得兔》作者的故乡，其秀丽的自然景观是英国最漂亮的景点之一。 （4）温德米尔镇：童话作者Beatrix Potter的故乡。 （5）温德米尔湖：湖区最大的淡水湖。 （6）最后到达格拉斯哥住宿	市郊 3星 酒店 双间
2	11月3日	罗曼湖 威廉堡 尼斯湖 高地	早	（1）9：00出发，观赏苏格兰最美丽的罗曼湖（Loch Lomond）。 （2）经过三姐妹山、利尼湖、格兰杰峡谷。 （3）游览威廉堡。 （4）之后前往尼斯湖，探索尼斯湖水怪的传说。 （5）游览尼斯湖中部著名的俄赫特古堡（含门票）。 （6）下午出发，沿途观看秀丽的自然风光，然后到达酒店	高地 3星 酒店 双间
3	11月4日	爱丁堡	早	（1）9：00出发，游览苏格兰首府，北方雅典——爱丁堡。 （2）参观爱丁堡古堡（含门票），女王行宫（含门票），皇家一英里观光，王子大街购物，卡尔顿山，苏格兰纪念碑等著名景点。 （3）下午5:30享受3道菜的英式晚餐和餐后咖啡或茶。 （4）住宿爱丁堡	市郊 3星 酒店 双间
4	11月5日	爱丁堡 约克	早	（1）9：00出发，前往中世纪名城约克。 （2）参观约克大教堂（含门票），英格兰最大的教堂。 （3）约克古城墙，中世纪街道肉铺街等著名景点。 （4）下午5点前往酒店入住	市郊 3星 酒店 双间

续 表

日期		简介	膳食	行程	酒店
5	11月6日	曼彻斯特 曼联主场 曼彻斯特大学 华威	早	（1）9：00出发，游览英国的第三大城市曼彻斯特。 （2）参观曼联主场外景，感受英国浓烈的英国足球的气氛。 （3）曼彻斯特曾是工业革命的开路先锋，人们可以从这里看到英国工业的发展历史，如今它早已远离了那段“蒸汽和汗水”的岁月，这个城市已经发展出一种“早餐要饮香槟酒”的闲情逸致，现在不仅是英格兰西北部地区政治和文化中心，也是商业和就业中心。无论足球、音乐、艺术、工业或是生活方式，你都可以感受到这座城市的独特之处，这里已经成为一个短期休假的绝佳去处。 （4）观赏曼彻斯特热闹非凡的街市与广场，可以免费参观的博物馆与画廊。在城内悠然散步，你会看到不少获奖建筑和藏宝，如曼彻斯特艺术画廊收藏的拉斐尔前派的珍品，游览欧洲第三大的唐人街，等等。 （5）下午返回华威	N/A

苏格兰爱丁堡

11月7日

功课：教育的自主和动机

2012年11月7日　星期三　晴

今天上午的功课，是由日本籍的爱玛老师讲授教育理论课《自主与动机》。主要理念：促进学生的学习动机，将外在动机内化，学生的学习主动性就能得以充分发挥；还有授人以鱼不如授人以渔，等等。其实，我们国家的教育理念也是这样的，今天是英语版本的吧。

日本籍的爱玛老师，讲授教育理论课

下午的功课，是Paul老师布置下周学校参观事宜，Russion老师讲授即将文化考察的内容：莎士比亚故居和华威城堡。

11月8日

功课：Hot Potatoes 软件应用

2012年11月8日　星期四　晴

今天的功课分两大组进行，B组12人，上Cathy老师的课，好像是排演莎士比亚戏剧《罗密欧与朱丽叶》片段。

我们A组12人在1.11（二楼11室，英国人民，包括不少欧洲人民，把一楼叫0，二楼叫1，所以如果你上6楼，在电梯中一般得按数字5，以此类推），由Fei

老师教我们Hot Potatoes软件的应用。

Hot Potatoes是专门用来制作交互式课件的软件，无须编程，只要会输入文本，便可以制作出Web页面的交互式课件。

Hot Potatoes有六个子模块，分别用于制作选择题（JBC）、简答题（JQuiz）、填空题（JCloze）、配对题（JMatch）、排序题（JMix）、填字题（JCross），另外还增加了一个模块（The Masher），可以将各种题组合在一起，生成包含各种类型题目的网页（index）。

晚 餐

因为是英文网页，很多专业词语不熟，所以得认真看Fei老师操作，然后跟着做，每当看到自己制作成功，都不由得一阵惊喜。

今日晚餐，约翰和艾琳都不在家吃晚饭，但是给我们准备了从超市买的熟食和米饭，比平日的土豆之类好吃多了，吃得美美的，不过，过后有点口干舌燥。

11月9日

功课：英语演讲技巧

2012年11月9日　星期五　晴转阴

Cathy老师的英语演讲技巧课堂

今天的功课是全班一起在图书馆的二楼演示室上Cathy老师的英语演讲技巧课。包括抑扬顿挫，语音语速，她都绘声绘色地给我们示范，还反复带读。

Cathy老师的课最有压力，她相当于我们海培班的班主任，因为是语言课，有很多提问和现场展示，而她为了让我们非英语专业的人弄明白，更容易提问我们这些非英语老师，就像我们上课，比较关注后进生一样。

11月10日

微记录：曼联赛事

2012年11月10日　星期六　阴

为了感受英国的足球文化，在球迷北极熊的积极组织下，今天我们12个球迷或者伪球迷将要去伯明翰到现场看一场曼联的球赛。

非常期待！因为得到家里的真球迷的羡慕，超有得意感。

英国时间是下午5点半，我们相约上午9点在考文垂火车站集合，一起坐火车去伯明翰，先在伯明翰逛街，到中餐馆吃午餐，下午再去看球，估计回到考文垂要晚上10点了。寄宿家庭的男主人约翰会送我去考文垂火车站，晚上再接，这样安全问题就解决了。

票价是45个胖子（镑，合人民币450元），票是在网上预订的，由张锋先统一垫付。

体育用品专卖店

有点戏剧性的是，大概是怕球迷闹事，英国看球赛是按球迷所钟情的球队，分不同区域来卖票的，也就是所有曼联球迷的位子在一个区域，所有阿斯顿维拉球迷的位子在一个区域，好像区域颜色都不一样，他们几个真球迷，是曼联的球迷，因为曼联的票早卖完了，我们一行买的是阿斯顿维拉球迷的区号位置，大家调侃，我们是潜伏在阿斯顿维拉的曼联球迷，当心，如果被发现我们给曼联加油，会招来围攻的。

11月10日

亲历：在英国看一场现场曼联球赛

2012年11月10日　星期六　晴

超爽！超值！能够在现场看一场曼联球赛！

座无虚席，气氛超级热烈！因为是阿斯顿维拉的主场，阿斯顿维拉的球迷人数非常有优势，气氛热烈！阿斯顿维拉先赢两球，球迷狂欢！

有坐在阿斯顿维拉球迷阵营的两个曼联球迷因为给曼联加油，被周边的人群起而攻之，被警察保护着带走了，引起现场小小的骚乱。

不过曼联毕竟是老牌巨星，在下半场连进三球，反败为胜！

曼联的球迷呼声超级大！他们的区域是警察重兵把守的地方。出了球场，他们还在一路得意地高歌，到了火车上还挑衅似的对着阿斯顿维拉球迷喊歌，大意是我们赢了，我们把你们打得落花流水之类，气得我旁边的一个阿斯顿维拉球迷涨红了脸，低声骂他们，真怕他们打起来。

曼联球赛现场

11月11日

微记录：11月11日11点，为第一次世界大战英烈默哀！

2012年11月11日 星期天 晴

昨天，在曼联对阿斯顿维拉的球赛开场前，有一个庄严肃穆的2分钟默哀活动！

最近经常看到，人们胸前戴着布质的红色罂粟花（Poppy），是英国为第一次世界大战阵亡的烈士家属和老兵们捐款所得的纪念标志。

11月11日是第一次世界大战停战纪念日，每年11月11日上午11点是英国人缅怀烈士的时刻，也有人称为老兵节。在广场、社区、机关、公司、学校等都会举行默哀2分钟活动。离11日最近的周日（Armistice Sunday）是官方纪念活动日。

皇室、政府首脑、在野党领袖和社会各界向烈士纪念碑献花圈。全国各地的老战士汇集在西敏斯特广场，他们很多人已经八九十岁，胸前挂满勋章，仍精神抖擞地参加列队检阅。有的由儿孙推着轮椅赶来和当年的战友会面。每年11月，在英国各地，到处都会看到人们胸前戴着布质的红色罂粟花（Poppy），纪念战争中阵亡的将士。人们通过募捐，得到一朵罂粟花，募捐的款项用于抚恤阵亡烈士家属和老兵们。

这是英国的爱国主义教育的有力渗透！

图片中这位男士是我们旅游大巴的司机，只要募捐25p（人民币2.5元），就可以得到这样一朵有纪念意义的罂粟花。

与大巴司机合影留念

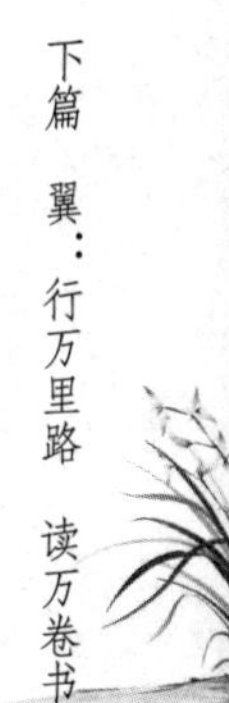

11月11日

微记录：约翰家的儿子超级帅

2012年11月11日　星期天　晴

今天，我的住家读大学的儿子回来啦！哇！超级高大，超级帅气。我跟他合影留念！

与约翰儿子合影留念

我和望望都送了他一个小礼物，我的是在苏格兰买的一条羊毛围巾，他很高兴，和我们谈了不少中国话题，让我们把中国最值得去的地方写下来，为他以后去中国旅游备案。

我的住家有两个女儿一个儿子，今天，他的大女儿玛丽刚刚度完一周的假期回了大学，儿子又回来啦！家庭气氛很是浓厚！

11月11日

文化考察：温莎城堡

2012年11月11日　星期天　晴

今天是华威大学组织我们到温莎城堡和伊顿公学文化考察。

温莎城堡目前是英国王室温莎王朝的家族城堡，也是现今世界上有人居住的城堡中最大的一个。比我想象的要气派得多，现今英国女王及王室成员大部分时间都居住在这里。

里面有非常奢华的英国王室收藏物品：精美绝伦的瓷器收藏，应有尽有的武器收藏，乃至历代王朝从殖民地等国家和地区掠夺来的稀世珍宝。

温莎城堡

温莎城堡与伦敦的白金汉宫、爱丁堡的荷里路德宫（Holyrood Palace）一样，也是英国君主主要的行政官邸。现任的英国女王伊丽莎白二世每年有相当多的时间在温莎城堡度过，在这里进行国家或是私人的娱乐活动。

有许多英国的国王与王后对城堡的建造和扩展有直接的影响，城堡是他们的要塞、住所与行政官邸，有时甚至是监狱。城堡的历史也和英国的君主体制有相当密切的关联，跟随着温莎城堡的历史，可以追溯到当时统治的英国君主。在和平时期，温莎城堡会扩建许多巨大且华丽的房间；在战争时期，温莎城堡则会加强防卫，这个模式直到现在仍然不变。

11月11日

文化考察：伊顿公学——贵族王子的必然选择

2012年11月11日　星期天　晴

20来名“小绅士”，穿着黑色燕尾服，打着白领结，在老师利姆·麦克斯韦的带领下学习。你不必以为自己回到了中世纪，这就是高贵的伊顿公学。坐落于伦敦西部35公里处的泰晤士河畔、温莎城堡对面的伊顿公学，是英国国王亨利六世于1440年创建的男子学校。历代王室男性，大都在这里读书。

拥有556年历史的伊顿公学，一直以来都是王公贵族子弟们的指定学校。

伊顿公学有史以来只招收过一个女生，就是伊丽莎白女王。

数百年来，英国国王亨利六世创办的比邻温莎城堡的伊顿公学，都是王公

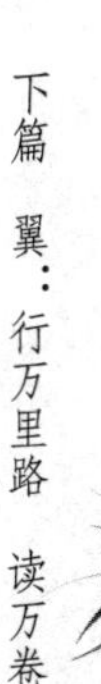

贵族子弟必然的选择，他们在那里锻炼言行举止，成长为一个标准的“英国绅士”。从这所学校走出来的学生，身上都打着贵族的标签，长大后纷纷拜相封侯，尽享荣华富贵。

泰晤士河畔

英王储查尔斯以及他的两个儿子威廉王子和哈里王子，都毕业于这所学校。“伊顿公学”这个名字数百年来一直是特权的同义词，是一个盛产英国精英的地方。但如今这里可不再是没精打采的贵族子弟的温室，新一代的伊顿男生们不是优雅地念诵拉丁文，他们每天要盯着电脑屏幕，设法熟悉微软数据库软件的程序。

11月12日

学校参观：考文垂蓝衣教会学校

2012年11月12日　星期一　雨

今天是华威大学安排的第二次学校参观，我们组分到了考文垂蓝衣教会学校。这个学校是以音乐为特色的教会学校，有教师115人，据说生源还不错，但校园环境比上次参观的拉格比中学要差些，对我们的接待也没拉格比中学那么周到，所以心里有些落差。

考文垂蓝衣教会学校是以音乐为特色的教会学校

上午先参加他们周一的晨会，有点像我们的周一升旗，但英国学校不升旗，这个教会学校是先祈祷，然后领导简单讲几句话，教师或各部门自由发言，安排相关事宜，比较随意。

后来是两个值日的小姑娘带我们参观校园，然后听课，再到罗伯特（好像是什么主人）办公室座谈，最后去参加他们的期中考试表彰大会。一上午满满的，几乎连上洗手间的时间都没有，因为他们的学生是流动性上课，每节课都要换教室，左转右转地换地方。

午餐只是一个长面包和一瓶水，几片饼干，都是冷食，他们的教师也都是各自带午餐到一个大屋子里吃。

上午的课上到12点半，刚吃完午餐，1：20就上下午的课，很困，连听两节，小组成员同感。下午学校参观，真的很累。

11月12日

微记录：学生当班

2012年11月12日　星期一　晴

和拉格比中学一样，蓝衣教会学校每天也由学生值日，负责学校的日常接待，带我们参观介绍校园环境及学校情况。如果有来访，轮到值日的学生就要停下课甚至考试，来参与学校工作，所以他们学校很少有后勤人员。

学生值日牌上很清楚地写着他们为这个值日感到骄傲和快乐！

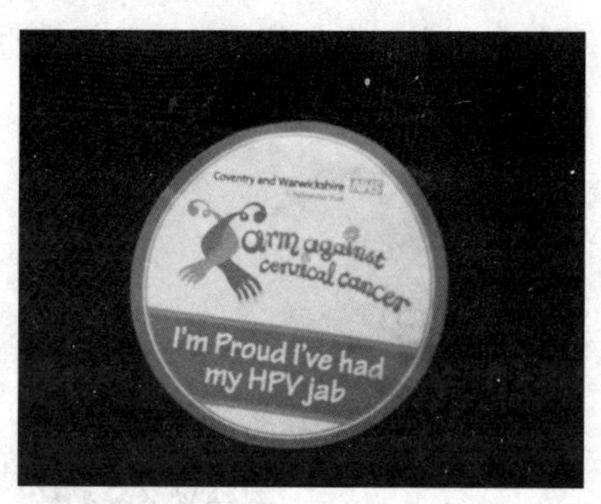

值日牌

11月13日

文化传播：给英国的大孩子上了一节“你好”课

2012年11月13日　星期二　阴

今天全班继续分成5组，各自到不同的学校参观，我们组四人所在的蓝衣教会学校，要求我们给他们上一堂关于中国教育和汉语教学的课，也是传播中国文化的一个环节。

中国文化宣传课

望望和我，还有斌斌、福玲，给蓝衣教会学校上了一堂宣传深圳和中国文化的课，望望的关于深圳的发展及学校介绍的图片，让他们啧啧称赞！我们的目的是要让英国人民知道我们中国人民是很强大的。

我把他们高中的学生当成幼儿园的孩子，教他们说“你好、谢谢、再见、我是中国人、你是英国人、我们是朋友……”之类的短语，很有民族自豪感！哈哈。

11月13日

学校参观：英国的烹饪课

2012年11月13日　星期二　阴

今天在蓝衣教会学校听了三节课：一节英语课，一节戏剧课，一节烹饪课，最有意思的是烹饪课。

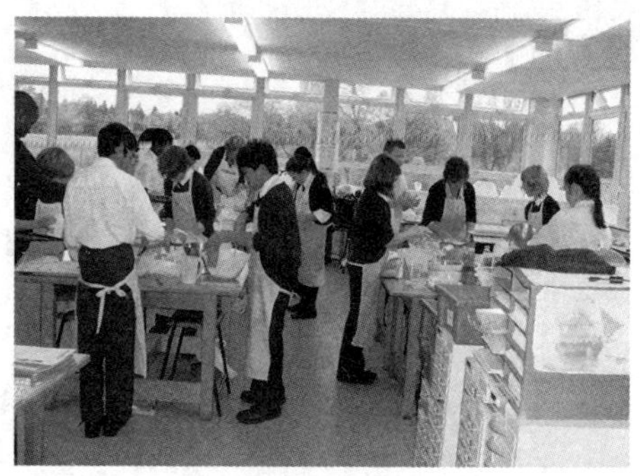
烹饪课

这节课的学生是7年级的，内容是制作蛋糕。

面粉、鸡蛋、奶油等由学生自己从家里带来，每个学生手里一张制作流程表，教室里有制作蛋糕所需的工具，包括计量器，面粉200克，奶油50克，有三个老师在指导。

制作好的蛋糕，必须带回家和父母分享。

英国的学校很重视学生的实践能力培养，昨天的期中考试表彰大会，单科奖中就有烹饪这一项。

11月13日

微记录：无人售货，全凭自觉

2012年11月13日　星期二　阴

蓝衣教会学校的Staff room（员工休息室）既是教师开会的地方，又是教师午餐和课间休息的地方，有热水、咖啡免费供应。

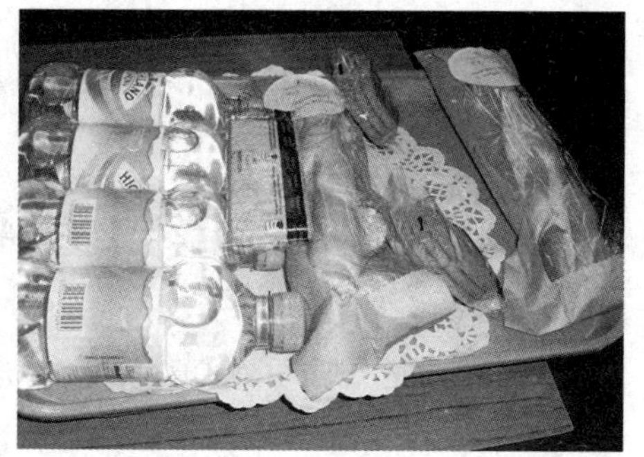
午 餐

在类似于小吧台的地方，还摆放了几个托盘，有巧克力、饼干、水果等，教师们可以自己取用。今天我和斌斌进去看了一下，一个小托盘里放了不少硬币，原来是教师自助付费的小买卖，自己取了什么，根据上面的价格，自觉把钱放入托盘，自己找零，无人售货，全凭自觉。

11月14日

功课：影音制作（Windows live）软件的应用

2012年11月14日　星期三　阴

今天的功课分两大组进行，我们A组12人，上Fei老师的教育技术课。

Fei老师先教我们Hot Potatoes的最后一个环节：the master如何插入播放器，如何将所有的制作连接起来。

然后，重点教我们一个新的软件：影音制作（Windows live）。难度挺大，但很有趣！她还奖给我们饼干吃，真好！

Fei老师的教育技术课

11月14日

微记录：身边的风景Quinton Park

2012年11月14日　星期三　阴

前段时间一放学我就东跑西跑，利明顿（去了三次了）、考文垂中心（去了两次）、Tesco（一个连锁超市），逛到天黑回家，并购回一大堆物品。

其实，在我的身边就有很好的风景。

Quinton Park（一个公园），离我住家很近，我独自去了两次，今天下午，我在那里待了一个多小时，看到四个自发来喂鸟的人，有三个人带了面包；有一个人开车，带了两袋子谷类，好几十斤。

自发的爱，英国的野生动物很幸福！

人们自发来喂大雁

11月14日

微记录：回家的路

2012年11月14日　星期三　阴

只要回家早，我都会提前几站下车，走回去，因为空气清新，环境优美。

如果坐车，这里的一家家中餐厅的“利群”两个汉字，是我们刚来时认路的标志，车子拐过了“利群”，就要准备下车了。

黑王子大道

11月15日

微记录：我的小天地

2012年11月15日　星期四　阴

在异国他乡，有这么一方小天地临时属于我，很知足了。

每天从外面回来，到了这个卧室，是自由的，温馨的，惬意的，应该感谢生活，感谢约翰和艾琳为我提供的这一切。

我的住处

11月15日

功课：网络主题和全纳教育

2012年11月15日　星期四　阴

今天的功课分两大组进行，我们A组12人和B组12人，分别来上。

我们上了Fei老师的WebQuests（网络主题）探究和Pam老师的Inclusive education（全纳教育）。

Fei老师的WebQuests（网络主题）探究课，从网络主题的历史、概念、实例、结构、益处等多方面探究了网络主题的丰富内涵。还给我们印发了《地震研究》网络主题、《密歇根州的蝴蝶花园》网络主题的具体资料，受益匪浅。

Pam老师的Inclusive education（全纳教育）课，其实就是我们常常讲的，一个都不能少，在一个生源水平参差不齐的班级，要让每一个学生有自己的发展，就需要有一种包容的全纳思想，营造一个公平、平等的氛围，让每一个学生感觉到被重视，才能够愉快地学习。这是一种教育理想，落实起来是有难度的，这就要看教师的教学技巧了。

Fei老师的WebQuests(网络主题）探究课

11月15日

文化考察：莎士比亚故居

2012年11月15日　星期四　阴

今天下午华威大学组织我们到莎士比亚故居进行文化考察，由Cathy老师和Fei老师亲自带队，同车的还有6个北京工业大学的教师，他们比我们早来一个月，在华威海培3个月，前两次华威大学组织的去巴斯、剑桥的文化考察他们也和我们同行，有点熟了，所以大家一说北京的，就是指他们了。

莎士比亚博物馆

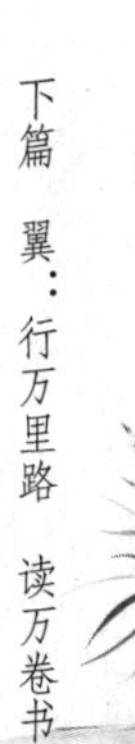

莎士比亚故居在斯特拉特福镇，离华威大学很近，不到半小时车程。

伦敦以西180千米的斯特拉特福镇，是伟大的戏剧家莎士比亚诞生和逝世的地方。

1592年，他以自己的剧本《爱的徒劳》《错误的喜剧》《亨利六世》等开始驰名伦敦。30岁到35岁是莎士比亚创作的鼎盛时期。他一生共写了154首14行诗、37部剧本。功成名就的莎士比亚曾是伦敦“环球”“天鹅”“玫瑰”“幸福”等几家大剧院的股东。莎士比亚48岁后搁笔，从伦敦回到斯特拉特福镇，退隐故里。

11月16日

微记录：801路也有双层车?

2012年11月16日　星期五　阴

住考文垂的，只有6个老师是坐801路车的，可能是相对偏远，我们的月票上显示的是62镑（都是学校买好，发给我们的），而其他坐11、12路车的老师月票价是44镑，我们还为此炫耀了一番，哪知当天就被泼了一头冷水，因为我们去利明顿回来时，11路车不让我们坐。

双层公交车

801路车平时都是单层车，今天忽然来了双层的，比较惊讶，以为我们的交通工具得到提升，一问才知道，是801路车修理去了，临时换的，赶紧坐到高处，看清楚我们801路车沿途的风景，这种体验也是难得的。

11月16日

功课：语言训练

2012年11月16日　星期五　阴

今天的功课全班一起上，是Cathy老师的语言训练课，因为她前天生病了，所以，她上周布置的四个话题“个人展示”延迟到今天。

Lee朗诵诗歌

不过，她还是先给我们上训练课，再展示。

首先，她准备了三个陌生的文段，事先不让看，就开始让我们两人一小组，互相听写。一般是英语老师报，我们非英语专业的老师写，我旁边是张锋，他是市外的教师，北师大的高才生，他报我写，幸亏他报得慢，我还能写得过来，滑稽的是，有的词，我好不容易听明白意思，如certainly，反而没写对，而有些词没听懂意思，反而写对了，如belt、galloped。

然后，发了12首英语短诗，先自己练，后点名让我们来读。

又发了一张名言，也是如此。

后来，又发了一张演讲稿，还是如此。

最后，是上周布置的话题演讲展示，幸亏放学的时间到了，只叫到两个同学，但所有人下周都要过这一关。

随时都有可能被点名，或者发言，或者朗读，或者展示，这就是压力呀。

被叫上台朗诵诗歌的是Lee，我也被叫朗诵了一回，因为非英语老师更容易被点名。

11月16日

微记录：徒步环华威大学绿道

2012年11月16日　星期五　阴

今天下午，在地理老师Lee的策划下，我们一行9人，决定走环华威大学的4千米绿道（他们叫徒步道，我喜欢深圳的叫法）。

走环华威大学的4千米绿道

沿途，视野开阔，人迹罕至，风景幽美，一个接一个的足球场、橄榄球场，绿草如茵，却没有一个踢球打球的人，英国的自然资源真是太富足了。

在英国，只要有水的地方，就有野鸭、野鸡。我们看到两只天鹅从头顶低飞过去，连它们扇动翅膀的扑哧扑哧声都听得清楚，真是神奇。

有的地方比较泥泞，有的老师（包括本人）心疼脚上的鞋，加上有点小雨，所以还有一小半没走完，就抄近道回来了。

今天的绿道徒步，真的很美，很惬意！

11月17日

文化考察：伦敦！伦敦！

2012年11月17日　星期六　雨

一个月前从伦敦希斯路机场着陆，至今还没有进过伦敦，今天9点出发，要去伦敦文化考察三天。

伦敦是大不列颠及北爱尔兰联合王国和英格兰的首都、第一大城及第一大港，也是欧洲最大的都会区之一。

伦敦是四大世界级城市之一，与美国纽约、法国巴黎和日本东京并列。

11月19日

文化考察：马不停蹄玩转伦敦

2012年11月19日　星期一　阴雨

今天的行程相对宽松，下午有一到两个小时的自由活动时间，为了能达到自己的目的，有人选择购物，有人选择随导游闲逛。

我做出了一个近乎伟大的抉择，为了多看几个景点，和英语老师斌斌两人，决定自己行动，按照她昨晚研究出来的线路，上下地铁8次，几乎是一路狂奔，坐了伦敦7条不同的地铁线路，转了大半个伦敦。

在大家随导游坐旅游大巴去白金汉宫时，我们选择自己坐地铁，省下时间，赶在大家看第一个景点前，去King Cross（国王十字车站）看了哈利·波特的九又四分之三站。

和大家一起看完白金汉宫换岗仪式后，12点，我们又马不停蹄地赶往伦敦格林尼治天文台，这里是我俩主要去的景点，因为在郊区，昨天有地理老师去，来回花了近一天，因为周末去据说排队到本初子午线照相就一个半小时，而我们今天最多不到一个小时，一下地铁就狂奔，从地铁口到达山顶，几乎半小时，我们都在奔跑中，哈哈，幸亏

本初子午线

运气很好，上面人很少，没有排队，回来坐轮船，也不用排队，沿泰晤士河船游，只花了半小时，最后我们总共花了不到三小时，3点之前就完成了这个目的。

比预计节省出近一个小时，我俩又马不停蹄地转进地铁，去找福尔摩斯博物馆，竟然又比原计划多看了一个著名景点。

最后出地铁，离4点钟大英博物馆集合地只有8分钟，为了最快到达，斌斌向人问路时，一个老人热心地说，他带我们从一个公园抄近路过去，我们一路狂奔，他竟然也跟着我们跑，一直带我们到大英博物馆一个侧门才离开，这个人真是太好了，我们踩着点到达（英国司机很守时，迟到是要被班长严厉批评的）。

这一天，几乎是一下地铁就跑，一照完相就跑，一下船就跑，除了坐在地铁和船上，几乎一分钟都没停下来。直到2点多坐在泰晤士河的游船上，才有时间吃午餐——啃了一块面包，吃了一个香蕉（我们这次在英国所有的外出，都没有包餐，遇到时间充足，有中餐馆，那就是我们的造化，大部分时间都是自己带干粮）。

真是太忙、太累了，但最后我们比导游安排的行程多看了三个景点：哈利·波特的国王十字车站、福尔摩斯博物馆、格林尼治天文台；多了三个独特的体验——伦敦地铁，伦敦轻轨，泰晤士船游。

一切皆有可能，真是太有成就感了。

11月20日

功课：评估与评价

2012年11月20日　星期二　雨

昨天上不了博客，今早补记：

20日的功课是全班一起在0.14室上的。

上午是Dr.Gerard老师讲授关于教育的评估与评价。

下午是Pau老师布置下周第三次学校参观事宜，Cathy老师介绍周四下午文化考察华威城堡的事宜。

Dr.Gerard 老师讲授评估与评价

11月20日

微记录：雨中的Quinton Park

2012年11月20日　星期二　雨

今天下午放学后，我提前两站下车，想看看雨中Quinton Park的大雁和野鸭们，这是我第三次独自来这个公园。

路上的一幕让我感动：下午3点半，阴雨连绵，一个工作人员，一个"STOP"举牌，组成了一个临时的交通岗！只要有人需要过马路，他就会举起手中的"STOP"牌，两头的车子会自动停下，可见英国人的规则意识是很强的。当他为我一个人过马路举起了这"STOP"牌的时候，我已经很感动了。

临时交通岗员

湖边的大雁在草地觅食，野鸭们在水里游戏。也许是下雨，没人来喂食，有几只大雁看到我来，大摇大摆地朝我走来，可惜我没带面包。

在雨中，一切都宁静而美妙。

11月21日

功课：对话技巧和英国烹饪与食物

2012年11月21日　星期三　雨

今天上午的课，是Fei老师的教育技术和Cathy老师的对话技巧；下午的课是Jane老师的英国烹饪与食物。

Fei老师因为今天要去伦敦，昨天已经布置我们以小组为单位，自己做展示的网页。

Cathy老师的对话技巧课

Cathy老师的对话技巧课，让我们两两对话，谈论了四个话题：

（1）Dogs are much nixes than cats?（狗比猫更好吗，为什么？）

（2）Marriage is for everyone?（结婚是每个人必需的吗？）

（3）Girls are more intelligent than boys?（女孩比男孩聪明吗？）

（4）Everyone is equal?（每个人都是平等的吗？）

她给我们很多对话的提示语和过渡语，特别是如何在谈话被打断时绕回自己的话题（Could I just finish?），各组讨论热烈。

Jane老师的英国烹饪与食物课，让我们着实画饼充饥了一回。她有一张表格，让我们两人小组合作，用英语填中国菜名、英国菜名、其他国家菜名，我们把红烧肉、红烧鱼、宫保鸡丁等美食精神胜利了一回。

后面讲到英国的烹饪，以前传统观点，“喜欢做饭不酷”也在慢慢改变，现在很多黄金时段都会播放电视烹饪节目，影响越来越大，被嘲笑了几百年的英国人烹饪简单到就是天天“一片肉和两片蔬菜”的现状也在日趋改变，他们准备向讲究饮食的法国和意大利看齐呢。

11月21日

微记录：艾琳家的两大本烹饪书

2012年11月21日　星期三　雨

住家女主人艾琳是个善良可爱的女人，今天听我们讲课堂上老师说的英国电视烹饪节目主持人Nigella Lawson，她就拿出自己家买的Nigella Lawson出的厚厚的烹饪书给我们看。

Nigella Lawson人很漂亮，做烹饪节目时穿着紧身衣，突出某个特殊部位，尤其吸引男同志眼球，她的家族还是一个调味品的开发商，特别有钱，是英国的白富美。

艾琳家还有一本中国菜的烹饪书，上次拿给我们看了，今天再次拿出来，还问我们相关的问题，真是个有心人。

艾琳家的两大本烹饪书

11月22日

微记录：公主与骑士

2012年11月22日　星期四　阴雨

这是今天下午在华威城堡里看到的洗手间的标示牌，比起我们平时常见的用男女来区分，这里的公主和骑士更有古堡的特色。

洗手间标示牌

11月22日

功课：英国的多元文化社会

2012年11月22日　星期四　阴雨

今天上午的功课是分两大组上，我们A组12人先上Fei老师的教育技术课，主要是按老师的要求，分组做展示的网页，我很感激她帮我重新安装的一个新软件Movie maker。

后面是Cathy老公Nigel Prentice上多元文化社会，因为英国是曾经的日不落帝国，统治了世界四分之一的人口，所以一定程度上曾经殖民地国家和地区的部分人员来到英国，如印度人占1.8%，巴基斯坦人占1.3%，加勒比人占1%，中国人（主要是香港人）占0.4%，还有不少非洲国家的黑人；英国本土的白人只占85.67%。

英国人种的多样性导致了文化的多元性。

Cathy老公Nigel Prentice上多元文化社会课

多元文化的有利因素是公平，包容，保护弱势群体，尊重独立团体的尊严。

不利因素是削弱了本民族的文化，造成了英国历史上几次重大种族冲突和暴力事件。

这个老师讲课，像踱着舞步似的，不停地在讲台上晃动，似乎很有白人的优越感，我们照相他似乎也不情愿，比较不让人喜欢。

11月22日

文化考察：华威城堡

2012年11月22日　星期四　阴雨

今天下午是华威大学安排的文化考察——华威城堡。

中午1：30从华威大学出发，半小时就到了。风可真是大，头发被吹得乱七八糟。

华威城堡

华威城堡（又译沃里克古堡），是一座位于英国沃里克郡的首邑沃里克的中世纪风格古堡。坐落于断崖边，俯瞰着雅芳河的转弯处。

不过展览室的中世纪铠甲、武器让人大开眼界，因为1978年这座城堡被杜莎集团买下，里面的蜡像惟妙惟肖。底层的展览室是很多模拟中世纪的手工作坊的场景和蜡像，活灵活现。

15世纪的华威城堡被用来囚禁英王爱德华四世。华威城堡在规模、建造成本、历史地位等方面，常被拿来与温莎城堡相比较。

11月23日

功课：课程设置与演讲技巧

2012年11月23日　星期五　晴

刚刚整理笔记，写得比较详细，博客在上传过程中因网络出错，全没了，比较考验耐心，所以简单摘要吧。

今天的功课是全班一起在0.14室上Pam老师的课程设置课和Cathy老师的演讲技巧课。

Pam老师的课程设置课介绍到，英国虽然也有全国课程标准，但校长的自主性很大，只有数学、科学、英语是必修的，其他课程各校自主设置。所以各校除了注重智力课程设置，更注重能力课程设置，如烹饪、交际、表演等。

Pam老师的课程设置课

这节课主要是分组讨论：学校的课程安排、校历安排、考试评价、服务福利等问题。今天是她给我们上的最后一堂课，显得很亲切。

Cathy老师的演讲技巧课，是就上次给的四个话题，要求非英语专业的老师（英语老师这节课不用上）每人演讲3分钟，因为前面她反复要求练过渡语和提示语，每人已经分别被提问两次了，所以最后只剩10多分钟，轮了三个人，其余人下次再来，长痛不如短痛。

11月23日

微记录：你好，大雁！

2012年11月23日　星期五　晴

在英国，难得有这么明媚的阳光，我又要去Quinton Park，这是我第四次独自来这里了，来看望这些美丽的精灵——大雁，因为在国内，是很难看到这么多野生动物的。

又来喂大雁

今天我还带来了两个面包，你好，大雁！

11月24日

文化考察：巨石阵与南安普顿海事博物馆

2012年11月24日　星期六　雨

昨天风雨不停，我们去了两个著名景点，巨石阵和南安普顿海事博物馆。

其实出发前，我们住家的约翰就告诉我们，不要抱太大希望，巨石阵其实是很小的一个地方。我网上查了一下，巨石最大的一块，不过4.5米高，所以期

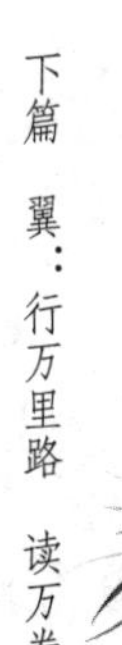

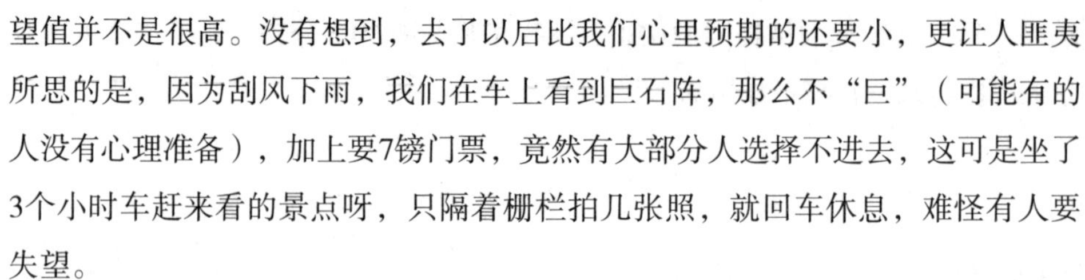

望值并不是很高。没有想到，去了以后比我们心里预期的还要小，更让人匪夷所思的是，因为刮风下雨，我们在车上看到巨石阵，那么不“巨”（可能有的人没有心理准备），加上要7镑门票，竟然有大部分人选择不进去，这可是坐了3个小时车赶来看的景点呀，只隔着栅栏拍几张照，就回车休息，难怪有人要失望。

只有我和斌斌、福玲等五个人买了票，冒雨近距离看了一下，为了拿掉伞照相，淋得像落汤鸡。

英国大概太少有奇迹，所以，把这并不巨大的25块石头宣传成了巨石阵，并且加入神秘色彩，说是大不列颠的奇迹。

不过听了中文耳麦讲解，其天文价值和太阳神崇拜的历史还是很有内涵的，所以从这个角度上讲，称之为“巨”也不为过。

巨石阵本来是由125块巨石组成的圆形神庙状的建筑，据说，3000多年前的英国人，观察太阳照射到这个圆形的哪个小门状的石缝就能推算出那天的日历，据说夏至日时，太阳就正好直射到某个石门的正中央，所以从天文历法看，这确实是奇迹，不过现在看到的只是残存的25块“巨石”，当年的圆形阵已看不出来了。

巨石阵

因为当时人们崇拜太阳神，所以这类似于神庙的建筑成了很多人膜拜的精神圣地，至今，夏至时还有很多人来此膜拜心中的神灵。

下午到南安普顿，这是英国最著名的港口，100年前泰坦尼克号的出发地，也是第二次世界大战时诺曼底登陆的出发地。因为风雨较大，大家在海事博物馆参观，不打算再出去，其实海事博物馆大部分是图片展和模拟多媒体，或者泰坦尼克电影片段，实

参观海事博物馆

物并不多，还不准拍照，我和福玲两个积极分子还是决定冒雨出去，实地考察一下泰坦尼克号起航的港口。

于是，我们在沿海的方向一边打听，一边赶路，走了40多分钟，好不容易找到shopside（码头）边，天已经黑了，照相都照不了，也不知那是不是当年泰坦尼克号的起航点。来回一个多小时，衣服鞋子都湿了。其他人或者在博物馆附近购物，或者找晚饭吃，或者一直泡在博物馆，我们两个人走得最远，想吹一下牛都没人理解，也不知泰坦尼克号究竟是从哪里起航的。

11月25日

文化考察：朴次茅斯——英国著名的海军基地

2012年11月25日　星期天　雨

今天上午到达朴次茅斯，这是英国著名的海军基地。

因为大家临时加了一个Gunwharf quays购物村，所以，只在海边反复拍照40分钟，登上军舰据说要20多镑，时间短，没有人去，另一个免费军舰博物馆也没人去。倒是在购物村预订一个半小时，因为有人迟到，花了两个小时。这个朴次茅斯和荷兰的华伦丹挺像的，只是大家忙着去购物，没有仔细欣赏它的美丽。

朴次茅斯海军基地

11月25日

文化考察：布莱顿英皇阁

2012年11月25日 星期天 雨

布莱顿有小伦敦之称，据说这个城市以特别爱游行著称，有名的“同性恋人”大游行就发生于此地。

布莱顿名声在外的一个原因，是因为其有“Gay City”的外号，平和的民风使得其成为欧洲乃至世界有名的男同性恋者的天堂。电影蒙太奇的手法，也始于布莱顿学派。

从朴次茅斯到布莱顿要一个多小时的车程。由于在购物村花了两个小时，这里只剩下拍照时间了，因为离我们回家的路有4个小时的车程，所以下午3点钟必须上车，而我们到达这里时已经下午两点多了，原定的景点英皇阁（要6镑门票），除了我一个人举手，竟然没一个人去，所以我也没去成，只给了15分钟外围拍照。

海边也只给了20分钟，来回路上还要10分钟，因为刮风下雨，一大半人根本不去，只在皇宫附近商店购物或找东西吃，我们去的一小部分人，只是匆匆拍完照就赶了回来。

今天原定的两个景点游览的时间，加起来还不如购物的时间多。大老远跑这里来购物，各人观点真的区别太大，只能随大流。

这座英格兰南部海滨城市的标志性建筑是英皇阁（Royal Pavilion），这是1815年为方便当时的里根特王子与他的情妇Fitzherbert幽会而建造的。当昔日不可告人的私情渐渐褪去，这里显现出来的就是其奢华的本质了：印度支那风格的佛塔、宝塔和圆顶屋。那位里根特王子也就是后来的国王乔治四世，将布

英皇阁

莱顿视为一个逃离伦敦那些不合时宜的马屁精的理想“避难所”。

其他地方的海滩大都是沙滩，而在布莱顿则以其密布鹅卵石的海滩而著称。

布莱顿是中庸和有趣的，但它从不自命不凡。

11月26日

微记录：易通中学（Etone）的国际情怀

2012年11月26日　星期一　阴

2012年11月26日，我们组在易通中学参观学习。一进学校就看到墙壁上挂着深圳、纽约、巴黎等地的时间钟，这些原本只有星级酒店才有的做法，让我感受到这个学校的国际情怀。

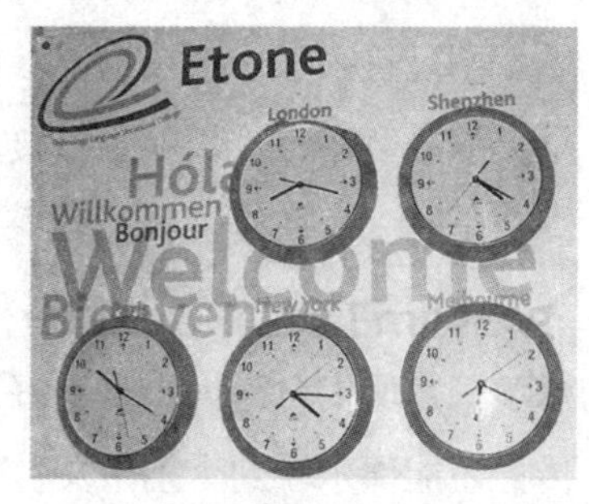

各地时间表

看到易通中学学生的手工制作课，就不难理解英国人的动手能力为什么如此之强。我们住家的约翰是画家，但是却能自己装修卫生间，很多英国人据说都是自己建房子的，由此也不难理解英国人为什么在工业革命后那么强大。

手工制作课

11月26日

学校参观：易通中学

2012年11月26日　星期一　阴

这两天是华威大学安排的第三次也是最后一次学校访问时间，我们24人分成了5个小组，各自到学校参观学习。

我和望望、斌斌、福玲四人是到易通中学。

这个学校是我们访问的三个学校中最远的一个，我们7：40在预定地点集合，的士开了半个多小时才到。

不过这个学校很热情，参加完周一早上的晨会后，校长就亲自接见座谈近一个小时。这个校长曾经到深圳考察10天，学校和深圳的清华实验学校结为姐妹学校，所以对深圳很是友好。学校宣传栏还能偶尔看到个别中文。

有个橱窗专门展出了中国人送的小礼物，竟还有市教育局的。

与校长座谈

与前面两所学校由值日学生带我们参观介绍学校不同的是，这个学校派了一个专门的老师，几乎陪了我们一天。

没有安排听课，除了校长座谈，还派了3位不同身份的老师和我们座谈，下午听了他们的年级大会之类的集会。

这个学校有700多学生，30多年的历史，从7年级到13年级7个年级，每个年级6个班。

学校近3年的管理特色是把全校分成四个大组，分别取名格里芬队、龙队、凤凰队、人马队，有点像《哈利·波特》里的分学院，也相当于把一个学校分成四个小学校，分别设立队长，各队之间形成竞赛氛围，增加整个集体的比拼干劲和活力。

这是个不错的学校，偶尔还有一两个黑人和亚裔学生，但比前面的学校少多了。

11月27日

微记录：戏剧的魅力

2012年11月27日　星期二　阴雨

到3个学校参观，发现他们都特别重视戏剧表演。

（1）戏剧的魅力：今天在易通学校看的一个借尸还魂的片段，简直可以用震撼来形容。男女主角的表演比电视电影上看到的专业水准还要有感染力，仿佛把我们带入一个诡异的世界，内心为之惊悚！

戏剧排练

（2）今天到易通学校参观，看到他们学校一整个电脑室全是崭新的苹果电脑，派头非常大！

苹果电脑

（3）人体的秘密：在易通学校的生物实验室，冒充一下生物老师，看看人体究竟有多少块骨头。

冒充一下生物老师

11月27日

学校参观：慷慨与节省——从助教制看英国教育投入

2012年11月27日　星期二　阴雨

今天，继续在易通学校参观学习。

3个学校参观结束，各有特色，共同点是：都很重视学生能力培养，都重视戏剧表演，都有助教在课堂实施帮助。

今天听了三节课，英语课、西班牙语课、音乐课，其中两节课的课堂都配有助教。昨天和我们座谈的3个老师，其中就有两个是助教，可见助教在这个学校的比例还是很大的。

助教，是没有教师资格证或者不是专业的教师，有时甚至是做志愿者的家长，主要负责对需要帮助的个别学生进行帮助，或者直接配合执教老师管理课堂。

今天听的英语课，助教主要帮助一个非洲男孩的课堂学习，音乐课堂里共有3个教师，除了执教的专业教师，还有一个助教，另一个是同用这个教室的科任老师（英国的教师大都没有专门办公室，下课就到全校的教师休息室落脚，或者在自己上课的教室讲台旁边的一方小桌子上办公，所以常常和执教的教师同在课堂，相当于被听课，我们教师的待遇比他们好多了，要珍惜呀）。

英国的班额一般是30人左右，主课（英语、数学、科学）大部分是全班上，很多选修课有时只有几个人上。而一个课堂中配备两个教师（执教老师和助教），其教育成本的投入几乎要成倍增长。

课堂投入非常慷慨！

但英国似乎没有教务处、办公室、文印室之类，复印机就在教师休息室，都是教师自己去印，接待工作由值日学生完成。校长喝水都得自己到教师休息室的公共热水供应处接。

音乐课堂

后勤投入非常节省。

没有给校长配一个办公室工作人员，却为学习困难的学生配备了专门的助教。真正体现了以学生为中心、课堂至上的办学方针。

11月28日

功课：英语陈述与英国媒体

2012年11月28日　星期三　阴转晴

今天上午的功课，两大组交错上，我们A组12人，先上Fei老师的教育技术课，后上Cathy老师的英语陈述课。

英语陈述

下午是全班一起，上Jane老师的英国社会大观之英国媒体。

Fei老师的教育技术课，主要是指导我们做展示的技术处理。

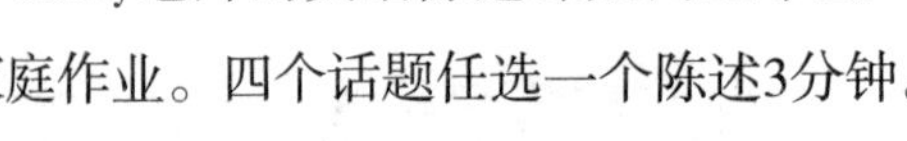

Cathy老师的英语陈述课是网上布置的家庭作业。四个话题任选一个陈述3分钟。

四个备选话题，我选的是第二个。

（1）What do people do / What activities take place in the typical Chinese Home? 中国的典型家庭中，人们一般做些什么或者都有哪些活动？

（2）How do people pay for their home in China? How much does a home cost? Is it easy to find a home? 在中国，人们用什么方式买房？买套房需要多少钱？买房容易否？

（3）What is the physical appearance and layout of a typical home in China? 在中国，房子的外观与布置是怎样的？

（4）What differences have you seen between typical home life in the UK and in China? 你所观察到的典型的英国家庭生活与典型的中国家庭生活的不同之处是什么？

答三句话就够了，但是要陈述3分钟，还要用上她给的三段论结构和要求的设问句、过渡句、总结句。

上次的关于健康的话题，我做了充分的准备：写稿子很辛苦，也练了好几遍。

但是因时间问题只叫了3个人上去展示，后来没来得及讲，又换新话题，有点太仓促，为了吸取上次教训，长痛不如短痛，我主动举手，第三个就讲完了，总算过了一关。今天为了让所有人讲完，拖到12：30下课。

Jane老师的英国社会大观之英国媒体，讲了英国的各大报纸和电视电台，重点讲了BBC。

11月28日

教育技术制作：吾爱吾师

2012年11月28日　星期三　阴转晴

最近的作业任务特别繁重，比较疲惫。

Cathy老师的3分钟英语演讲，准备了两篇，今天总算过关。

Fei老师的教育技术展示，将全班每4人一组分成6个小组，每个小组15分钟的内容。小组4个成员分工合作，然后由组长最后定稿。

我的课堂我做主

我的主题是《吾爱吾师》，对我们在华威大学的课堂学习做个小结，重点是对教过我们的华威大学的主要教师做个评述。我原打算用教师教过的Hot Potatoes Jmach来做，但这个软件是全英文的，操作不大熟练，加上Jmach主要是配对题型的，展示的内容比较有限。

这几天主要在用影音制作软件来做，图片、音乐、文字内容会更丰富些。

但今天小组长统筹，说他做的就是影音制作，而且他已经是高手了，为了多角度展示我们的教育技术，我还得用Jmach来做。

因为不甘心做到一半的影音作废，我最终还是决定两者都做，老师也觉得我的内容用影音制作效果会更好。

这个任务压得我比较辛苦！因为最迟周五上交，我计划明天交掉，早点解放。

11月29日

功课：教育技术与英国的社会等级

2012年11月29日　星期一　晴

因为难得的晴天，今天我们上学路上从Tescco提前下车，走了20来分钟到教室，神清气爽。

今天的课是Fei老师的教育技术课和Cathy老师的英国文化大观之英国的等级制度。

Fei老师今天穿了件红西装，特别漂亮，我们抢着和她照相。她耐心指导我，帮我的影音制作进行后期加工，非常感谢！她今天教了我们一个新的教育技能：影音的剪切、处理。

Fei老师的指导

Cathy老师的英国文化大观，今天讲的是英国的等级制度，她从英国等级制度的渊源、当今的等级观念、社会的变革等方面让我们知道，英国人其实等级观念是根深蒂固的，戴着有色眼镜看人、地位一般却故作高贵的大有人在。

她讲到威廉王子的婚姻，女方家里地位原本是一般的；她讲到自己的弟弟是个同性恋者，让家人很是不能接受……

今天她讲得绘声绘色，没有提问，我们倒是很轻松。

11月29日

微记录：听了一场音乐会

2012年11月29日　星期四　晴

今天的收获还挺大，昨晚忙到12点半才睡觉，影音制作和Jmach基本完成，几个技术上的问题在Fei老师的指导下已经解决。

中午听了一场音乐会。

华威大学的艺术中心，几乎每周四中午都会有一场免费的音乐会，有时是学生团体，有时是大学教师，有时是社会音乐团之类，会厅不大，先到先坐。

上次我们有计划地去过一次，但去晚了没有位置了，没听成。今天是无意中赶去的，正是时候。听的是Warren Mailley-Smishi的钢琴演奏会。

他演奏了四首乐曲：奏鸣曲Fmajor K332、奏鸣曲月夜、演奏曲里格来托、波罗乃兹舞曲。我倒是没怎么听懂，只是感受了一下这种大学的艺术氛围。

下午又去了一趟利明顿，这是第四次去了，听说这两天搞活动，买了几盒雅诗兰黛、兰蔻、香奈儿之类。

回家的路上，月光皎洁。

英国的纬度高，相当于我们的东北，冬天下午4点多天就黑了，我还在利明顿等车呢，到华威大学再换车，还得等，至少要一个多小时才能到家。

回家路上月光皎洁

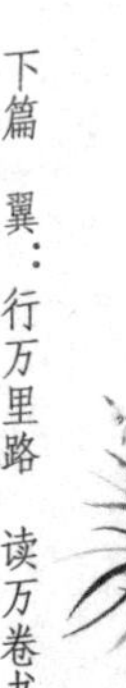

11月30日

功课：在工作中建立有效的关系和管理你的时间

2012年11月30日　星期五　晴

今天的功课是全班一起在0.14室上Bob老师的课，Fei老师翻译，他讲的主题是：在工作中建立有效的关系和管理你的时间。

昨天Cathy老师告诉我们，明天讲课的老师声音会很小，要我们坐得紧密一点，今天还特意在上课前要我们空出边上的位子，觉得这个老师似乎是个比较不怎么样的老师。

今天听Bob老师的课，感觉这个人非常好，虽然声音确实不是很大，但是讲课的内容很让人感兴趣。

他讲到情商，讲到如何控制情绪，讲到如何管理好自己的时间，还是挺实用的。

特别感动的是，有一次他为了诠释在工作中建立有效的三种关系：父母对孩子式的关系（一方高高在上的不平等关系），成人与成人式的关系（最好的关系状态），孩子与孩子式的关系（虽然平等，但工作无效率），在讲到第一种关系状态时，竟然跪下了，真的是个很敬业、很善良的人。

Bob老师的课堂

11月30日

微记录：吃了一天的鱼

2012年11月30日　星期五　晴

昨天听福玲说，图书馆一楼的餐厅有羊肉饭，今天便决定去那儿吃午餐，到了以后发现，今天的菜谱上笨（并）没有羊肉，只好退而求其次吃鱼，英国人民的鱼可都是炸着吃的，而且没有放盐和任何调料，自己选番茄酱或盐之类的小包调味包，我只撒了点盐，笨（并）不好吃。

明天要出远门，今天到Tesco超市买几天的干粮，几次去Tesco，我都会买一些三文鱼回来，因为住家很少吃鱼，而三文鱼在这里并不像国内那么贵，而且特别鲜美，这是自我调节、打牙祭的好办法。

在国内餐馆三文鱼都是冰冻的，切成薄片，蘸芥末生吃，只是说营养好，味道估计没几个人会真喜欢，我因为没有芥末，不敢生吃，第一次买回来，用焖烧壶焖了半个来小时（房间有自己带的烧水壶，独立行动方便，随时可以焖），打开一看非常鲜美，本来是想蘸豆腐乳吃，后来什么也没放就很美味，一点也不腥，所以我对Tesco最大的期待是三文鱼。

没想到住家晚上也吃鱼，因为约翰他们逛街买了圣诞树等很多圣诞用的东西回来，晚上是打包麦当劳的炸土豆条和炸鱼块。

好久没吃鱼，今天却吃了一天的鱼。

今天的晚餐

12月2日

文化考察：北爱尔兰巨人堤

2012年12月2日　星期天　晴

星期日，巨人堤—Carrick-a-rede索桥—贝尔法斯特。

早上9点从酒店出发，首先驱车前往位于北爱尔兰北部海岸绵延伸展长达8千米的被人称为巨人石道的巨人堤，气势恢宏的巨人堤是一个形成于15000年前的玄武岩柱，堪称一个非凡的奇迹，现已列入联合国教科文组织世界遗址名录。巨人堤其实是火山运动后的产物，但在传说中它则由传奇英雄巨人芬恩·麦克库尔创造，有传说这一壮观的景象是由外星人创造的。Carrick-a-rede索桥是爱尔兰著名的一处景点，索桥悬挂在距海面80米的高度，两端连接在陡峭的悬崖上。漫步在狭窄的、摇晃的桥板上，要紧紧抓住手扶栏杆。

12月3日

文化考察：北爱尔兰贝尔法斯特城堡

2012年12月3日　星期一　晴

凯弗山国家公园—贝尔法斯特城堡—贝尔法斯特机场—伯明翰机场。

早上9点从酒店出发，前往凯弗山国家公园。凯弗山海拔368米，是贝尔法斯特最负盛名的地标之一，城内很多地方都可以观赏到人们为之熟悉的山体轮廓。国家公园建于1992年，地域范围涵盖凯弗山山顶的高地以及黑兹尔树林、贝尔维花园、贝尔法斯特城堡。站在贝尔法斯特城堡，俯瞰贝尔法斯特城，让人想起了辉煌的维多利亚时代。

北爱尔兰贝尔法斯特城堡

12月4日

功课：教育技术展示和文化考察介绍

2012年12月4日　星期二　晴

今天的功课是全班一起上。

上午是Fei老师的教育技术展示课，学校负责培训的PAU、ROSS和班主任CHATHY到场观摩。

很多同学都穿上了带来的唯一正装，西装革履，很是隆重。

Fei老师的教育技术展示课

6个小组每个组15分钟，养兵千日用兵一时，大家各显身手，展示内容精彩纷呈！

因为内容太丰富，有的组时间拉得比较长，我们组是最后一个，轮到我们时已经快到12点了，不过我们组有高手，节目很是压轴！

我的部分是一个影音制作《吾爱吾师》，几乎给所有老师写了一个评语，再配图片和音乐，用班长的话说，很煽情。

总之，大家都很出彩，老师、领导都很高兴，算是一个圆满的结果。

下午是Amanda老师的课，主要介绍下一步考察的牛津大学和利物浦的文化背景等内容。

12月5日

功课：18世纪和19世纪的英国绘画

2012年12月5日　星期三　晴

我不得不自我表扬一下我的抉择和勇气。

昨天，说今天重新分组上课，要求是英语老师去C组上Russell老师的艺术欣赏课，因为这个老师的课不让翻译，而且要讨论，非英语老师估计听不懂，当然，英语突出的可以自愿报名，听不懂自己负责。

Russell老师的艺术欣赏课

我报名了，并不是因为我自认为英语突出，而是我想尝试新的领域，不想留在D组上英语口语训练，训练来训练去就是连读、停顿，过后又忘。

上午的18世纪和19世纪的英国绘画欣赏课，还是很有意思的，老师介绍了威廉·贺加斯揭露当时社会腐败和堕落的画作《汤姆·拉克威尔》。

还有拉斐尔前派协会的画家福德·玛多斯克·布朗、亚瑟·休斯、米雷等画家的代表作。

从一些细节看懂画作的生活再现和深刻含义，绘画的内容就丰满了。

有D组的同学下课后听说我们的内容后，后悔没有选C组，主要怕自己英语不好，没勇气报。不得不佩服我的勇气。

下午是Cathy老师的课，讲的是对昨天展示的点评及要求。

12月5日

微记录：忙碌

2012年12月5日　星期三　晴

昨天Fei老师的教育技术展示刚结束，现在Cathy老师的英语展示又提上日程了。

Cathy老师英语展示课

特别是看到昨天各小组精彩纷呈的展示，大家似乎更有了竞争意识和压力。

这个展示的分组和昨天的分组又不一样，是新的组合，新的分工，我和秀秀、园园三人行，三个女人就得准备一台戏呀。

下午放学后，我们一起去图书馆，敲定内容。因为好不容易推掉了主要角色，被加任务，今晚写出节目流程，晚上QQ上继续沟通……

班里还要交至少3个微记录，点评昨天的展示！

12月6日

文化考察：伯明翰艺术馆

2012年12月6日　星期四　阴雨

今天是华威大学安排的文化考察：伯明翰艺术馆。由昨天给C组上课的Russell老师带队。

这个博物馆，其实我第一次去伯明翰的时候已经去过了，不过是走马观花。今天老师把昨天课堂上讲到的几幅画，在博物馆现场讲解给我们听，觉得真是那么回事。

伯明翰艺术馆

12月6日

微记录：再次进比斯特村

2012年12月6日　星期四　阴雨

今天参观了伯明翰艺术馆，我们10人便利用伯明翰的有利交通，抓紧时间赶往比斯特村。上次全班去过一次，因为是周末，人太多，到处排队，货源很多不齐（因为大多数店每周周一和周四上新货，到周末就被挑得七七八八了）。

这次人不是很多，因为刚补货，品种基本齐全，上次没有VIP卡，这次有了，一律在打折的基础上再九折。所以今天逛得还是很尽兴，该买的不该买的都买了，如雅诗兰黛、施华洛世奇、八宝丽、卡拉克等。

比斯特村

12月7日

功课：戏剧表演《罗密欧与朱丽叶》

2012年12月7日　星期五　晴

今日的功课分两大组进行，我们A组上Cathy老师的戏剧表演课。听已经上过这个课的B组同学说，这个课非常搞笑，非常期待。

老师先设计了几个场景让我们表演。

场景一：有两人互为敌人的定格，也有两人互为朋友的定格，还有一个是敌人，一个是朋友的游戏。

场景二：12个人围成一圈，你对右边同学说：你敢！这个同学对你说：对不起；然后他又把“你敢”传给下一个，以此类推，每个人都角色转换了，从对右边同学盛气凌人的“你敢”，到回左边同学可怜巴巴的“对不起”。然后内容换成“我爱你”和“谢谢”，每个同学都转换角色，爱和被爱。

场景三：临场表演，12个人分成3个小组，表演两个年轻男女相爱，被两边家长反对，以死抗争……

我们组的两个被父母反对的年轻人，选择了“跳崖”：从凳子上往下跳；另两组的年轻恋人，也纷纷殉情……

没给时间准备，3个组的同学都很有创意。

最后场景：10分钟准备，是《罗密欧与朱丽叶》片段表演。朱丽叶的母亲兴奋地告诉女儿，有个来自巴黎的法国贵族要娶她，朱丽叶告诉母亲自己已有所爱，不能从命，此时父亲进来，得知此事大发雷霆，朱丽叶苦苦哀求……

表演课

矛盾冲突激烈，4个组的朱丽叶和父亲角色都演得非常好。

这个上午的表演课，确实非常有趣，大都是临场发挥，大家的想象力和表演天赋瞬间被激发出来，真的很让人震撼。

12月7日

聚会：做客秀秀、园园家

2012年12月7日　星期五　晴

这次海培同学遇到的住家良莠不齐。

男同学遇到的住家大都比较抠门，往往分好定量，有的是几乎没吃过鸡蛋，有的是几乎难见到肉，土豆面包又比较难咽，甚是可怜，班长已经“减肥”16斤；还有北极熊同学几乎由来时的“北极熊”快变成现在的英国“猴”了，眼看着瘦下来。

而我们女同学往往遇到善良的住家，大多同学不但吃得饱，而且吃得好。像我的住家约翰家不但有主食，还有餐后水果或布丁，真的很感谢。

条件最好的要数秀秀和园园的住家，是两个退了休的老人，自己有退休金，小孩又在伦敦有好的工作，所以吃得非常好，而且这两个客家妹又贤惠，几乎每天晚上是她们自己弄饭，两个老人吃着她们做的中国饭菜，很是喜欢，所以她们家几乎天天能吃到自己想吃的可口饭菜，食材住家的冰箱应有尽有。

这两天她们的住家去伦敦孩子家了，她们便决定邀请那些来英国后在住家几乎不知鸡蛋和肉为何物的男同学，去饱食一顿她们家的大餐，我们801路方向的6个女人是一条战线，更主要的是好朋友，所以也在被请客之列。

这次总共13人，再一次在异国他乡周末聚餐，非常美好的周末晚宴。

12月8日

文化考察：牛津大学——天才与首相的摇篮

2012年12月8日　星期六　晴

今天，华威大学组织安排我们全班文化考察——牛津大学（University of Oxford），由Cathy老师带队。

最明智之举是离集合时间最后一个小时，花3英镑登顶圣玛丽教堂，得以俯瞰牛津镇的全貌。

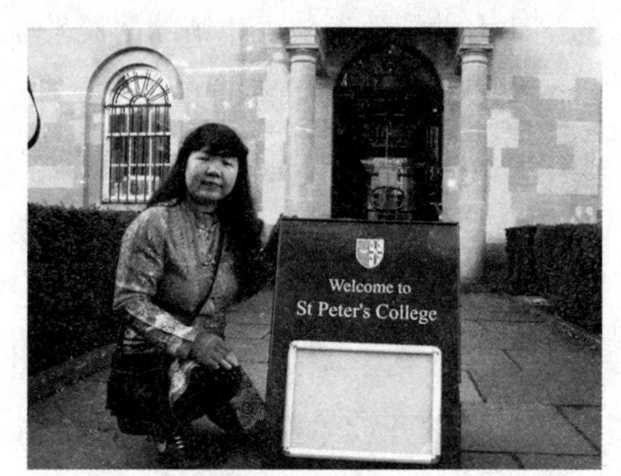

牛津圣彼得学院

牛津大学位于英国牛津市，是英语世界中最古老的大学，也是世界上现存第二古老的大学，有“天才与首相的摇篮”之称的美名。

虽然牛津大学确切的创立日期不明确，但其有记录的授课历史大约可追溯到1096年，迄今已有9个世纪。

牛津产生了至少来自7个国家的11位国王，6位英国国王，47位诺贝尔奖获得者，来自19个国家的53位总统和首相，包括25位英国首相。

《围城》作者钱钟书也在此留学。

从2002年至2010年，牛津大学已经连续9年被英国《泰晤士报》评为全英综合排名第一的大学。

12月8日

文化考察：哈利·波特的魔法学校——牛津大学基督学院

2012年12月8日　星期六　晴

牛津大学共有38个学院，分别散落在牛津镇的各个地方，基督学院是唯一需购票才能进入参观的学院，因为上午有人在此举行婚礼，游人不得入内，我们得等下午两点半由老师统一带队进去。

这个学院和剑桥大学国王学院布局非常相似，据说剑桥大学就是因为当时的牛津大学的学生与牛津镇的居民发生冲突，而去剑桥另建一所学院的。

牛津大学城内的基督教会学院（Christ Church College）及Bodleian图书馆是霍格华兹魔法学校的主要拍摄场景。

牛津大学城内的基督教会学院

基督教会学院是牛津大学最大的学院，虽然开放给游人参观，但须小心翼翼跟着指定路线走，不得擅自乱闯。学院的饭堂被用作拍摄霍格华兹的饭堂，Bodleian图书馆成为电影里哈利·波特的课室，而馆外的Divinity学院小厅则在拍摄期间被改装成霍格华兹的医务室。

作为世界上最著名的大学之一，牛津大学不光出产优秀毕业生，而且这所历史悠久的高校也因为其古老的校舍以及诸多的故事而吸引着来自世界各地的游客慕名参观。

牛津距离伦敦很近，坐火车只需要1个多小时，因此，如果你已经来到英国，来到伦敦，又是一个哈利迷，那么，你一定不能错过牛津，相信一定会收获颇多。

牛津大学城内的基督教会学院（Christ Church College）是霍格华兹魔法学校的主要拍摄场地。

12月8日

文化考察：牛津街头的行为艺术

2012年12月8日　星期六　晴

牛津大学城是个很典雅又很开放的城市。

昨天我们在市区转了半天，看到不少令人匪夷所思的街头行为艺术。

街头艺人

在星巴克门前，有六七个市民在呼口号示威，并向游客发送传单，原因是星巴克几年没向政府纳税或者说逃税，而政府给市民的福利越来越少，与这些大企业的逃税是有关系的，旁边就有人专门展示有相关报道的英国报纸。他们在人家店门口呼口号，而星巴克在照常营业。

在牛津街头还有裸奔游行的男人，也不知道他们想宣传什么。还有一些街头卖艺的或者各种造型的行为艺术。这些都构成了牛津街头的独特风景，显示出这个城市的开放、包容和大度。

12月9日

文化考察：考文垂交通博物馆

2012年12月9日　星期天　晴

来英国这么久，没有睡过一个午觉，没有歇过一个周末，除了上课就是东奔西跑，真的很疲惫，今天第一次睡了个心满意足。

只有今天没有集体活动，不用上课，也不用按点去赶车出远门。我睡到快9：00，然后在卧室弄电脑，10：00才下楼吃早餐，11：30出门，和斌斌一起去参观考文垂交通博物馆。

周末的车更是难等，因为预告的11：29的车根本没来，我们一直等到11：59才上车，在车站共等了50多分钟，这一时间走都走到了。还是秀秀、园园聪明，因为她们周日11：00才有第一班车（我们的801路，周日要12：30才有第一班车），她们为了早点去，直接走路一个多小时去考文垂中心。

考文垂交通博物馆

我们东奔西跑去看远处的风景，住考文垂这么久，身边的考文垂交通博物馆却还没去，今天是难得的空闲日子，去补补课打发时间。

没想到看了以后真的让我震撼。

考文垂以它的汽车工业而闻名，第二次世界大战时考文垂因为是重要的军用汽车制造地和军用坦克制造地，被德国纳粹作为集中打击的目标，被炸成了废墟，经过战后重建，考文垂有“烈火中再生的金凤凰”之称。

考文垂交通博物馆，是世界上最大的收藏英制汽车的博物馆。其中最有名的莫过于世界上速度最快的汽车Thrust2和ThrustSSC了。2004年，博物馆重新装修，新建了作为城市“凤凰腾飞计划”之一的博物馆入口。

在这里最感动的要数在博物馆模拟第二次世界大战时期，考文垂被德军炸成废墟，考文垂人民在废墟中继续建造军用物资的场景。

最刺激的是我们花了1.5镑坐了世界上最快的汽车ThrustSSC。

12月10日

功课：文学欣赏《木马赢家》

2012年12月10日　星期一　晴

昨天晚上，花了近两个小时预习Cathy老师发的劳伦斯小说《木马赢家》。

七张纸的密密麻麻的英文小说，阅读起来太费力，我从网上找来中英文对照，逐句逐句地翻译，看得眼睛都累晕了……

今天还是分组上课，因为C组的课，要求英语老师或者英语达到高水平的人报，我的英语比起英语老师还差十万八千里，但我还是报了，只是因为这是文学欣赏课。

讨论会

因为没有翻译，所以得自己花双倍的时间去预习，网上查找资料。

因为预习充分，上课还是信心满怀。

有的英语老师都退出了，另一个语文老师被我怂恿来了，C组这两天都在

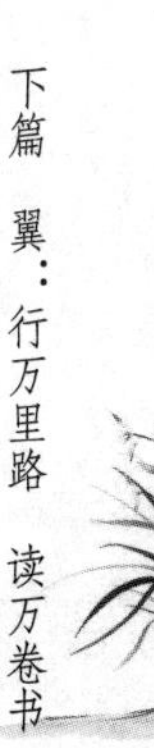

Milburn house上，离平时上课的社会学院三站路呢，比较难找，今天总共才8个人选，大家围坐在一起，座谈似的，还是很亲切。

老师事先出了几道文学知识题：狄更斯、奥斯汀、莎士比亚等人的作品，还有《呼啸山庄》《爱玛》等的作者，以及我们阅读过的文学作品，中国的著名作家，等等。

重点是讨论劳伦斯的《木马赢家》的主题、人物、情节。

《木马赢家》是劳伦斯较为著名的短篇小说之一，于他的晚年创作而成，在他去世后的1933年才发表。故事探讨了劳伦斯所关注的人与人之间的关系，从侧面反映了西方工业社会中金钱对健康和谐的人际关系的扭曲。

故事中的男孩保罗渴望母爱，但是母亲却不能感觉到爱，因为对金钱的追求已经窒息了她的母爱的天性，使她丧失了爱的能力。保罗从母亲眼中看不到爱，却能在家中听见一个声音不断轻声低语："一定要有更多的钱！一定要有更多的钱！"为了讨母亲欢心，也为了让家里那个令人无法忍受的声音停止下来，保罗骑上木马，让木马带他到一个"幸运的"地方去，因为母亲告诉他好运可以带来金钱。

他发现自己在骑木马骑到疯狂的状态时，就能够预知将会赢得下一场比赛的赛马的名字。他赢了很多钱，但是家里的那个声音不仅没有消失，反而越来越大，说明人对金钱的渴望是没有止境的。

保罗对赛马结果的预见不再那么灵验，在做了最后一次预测之后，他从木马上摔了下来，不久死去。男孩保罗通过赌马赚钱，男孩的母亲、叔叔以及其他为金钱而疯狂的人其实也是在赌博，为赢得金钱而牺牲了人的价值。在《木马赢家》中，对金钱的追求扭曲了人世间最珍贵的母子亲情，母亲无法去爱儿子，而儿子为了得到母爱，竟只能用钱去买。母亲因而不再是爱的源泉，而成了造成儿子悲剧的根源。从这一点来看，这篇故事也反映了母亲对儿子的负面影响，和《儿子与情人》似有相通之处。

12月10日

微记录：排练

2012年12月10日　星期一　晴

离周五的展示只有几天了，各小组都进入紧张的排练状态。

上次我已经推掉了主角的配音，可是昨天又被组长强加回来，就三个女人一台戏，推来推去没法推了。

下午我们就在1.08室排练，一直练到秀秀的电脑没电了才回家，几个小时都没耗出什么名堂，台词不熟，晚上在家反复对着视频熟悉台词。

遇到长的地方，读都读不顺，还要配音，根本找不到感觉，压力很大！

排练

12月11日

功课：准备展示

2012年12月11日　星期二　阴

今天的功课分两大组，C组只有6个英语老师和1个非英语老师选了，我没有选，因为还是昨天的Cathy老师上，我想换换口味，看看D组的老师上什么，而且这次她没有给预习材料，又是讲心理辅导内容，我怕听不懂。

D组是Pam老师的课，她看我们都在备战周五的展示，就说给我们准备，她随时指导，我得赶紧背台词。

下午也是各组自行准备展示。台上一分钟，台下十年功，可是我们只有几天时间了。

展示准备中

12月11日

微记录：哇，来了只白天鹅

2012年12月11日　星期二　雾阴

来英国这么久，最美的是刚来时的红叶，最让我留恋的是这里的公园成群的野鸭、大雁乃至天鹅。

今天多了一只白天鹅

今天，是我第五次来到Quinton Park了，按照我们的思维，早上大霜，白天应该是天晴的，但今天一天都雾气蒙蒙、湿润润的，纬度高，冬天才下午4点天就黑了。

回家的路上，我还是决定提前两站下车，在这个阴冷的、雾气蒙蒙的黄昏来到这个公园，来探望我喜爱的大雁，它们还好吗？

有一个妇人，用推车推着3个孩子，带了点面包来喂大雁。那些野鸭看到我从包里取出东西，赶紧跑过来，可惜我取的是相机……

小时候，在天空看到雁阵，常常引起我的遐想：

它们，要飞向哪里去呢？远方的远方，是什么样的呢？

琼瑶的雁儿在林梢，毛泽东的长空雁叫霜晨月，都给人一种诗意，一种淡淡的感伤。

看到华威数学系院子里成群的大雁在草地上悠闲地啄食；看到这个离我的住家才两站路的Quinton Park，成群的大雁在水中嬉戏，我真的不敢相信那是野生的大雁，但这确实是真的，没有人伤害它们，有的只是自发地送来食物。

能够近距离地接触这么多野生大雁，我只想静静地伫立……

12月12日

功课：通过家长的眼睛看学校

2012年12月12日　星期三　阴

今天的功课，全班一起在0.14室上Pau老师的讲座《通过家长的眼睛看学校》（*looking at schools through the eyes of a parent*），由Fei老师翻译。

Pau老师的课内容挺精彩，主要讲英国的家校联系：家长的角色、学生的角色、家长会、家长委员会。

与Pau老师合影

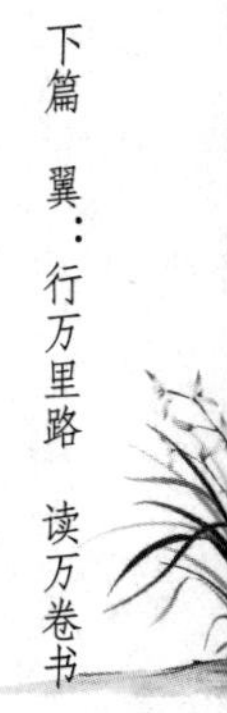

12月13日

微记录：冲刺Presentations（展示）

2012年12月13日　星期四　晴

今天是各小组自行排练，冲刺Presentations（展示）。

有的组在米尔本house，有两个组在1.08午餐室（北京的海培人员10号走了，只剩我们常去那里了）。

我们组三人，本来秀秀邀请我去她们家里练，但我觉得不大方便，还是来了学校，没有地方，就在几个教室之间的过道，也是我们平时中午歇脚的地方。

练了很多遍，还是那个问题，快的地方太快，慢的地方太慢。本来只是配音，可是秀秀、园园说要加进剧情表演，感觉很别扭。我还要借男装。

傍晚，住家女主人艾琳逐句逐句地教我过了两遍，最后还拿出三套她丈夫约翰的衬衣领带让我挑，可是，不管哪一套都太大了。

图片是几个教室之间的过道，因为四面都有门，也相当于一个房间，所以我们平时中午就在这儿歇脚，今天，我们就在这里练了一上午。

过道

12月13日

徒步：Quinton Park

2012年12月13日　星期四　晴

今天周四，我和福玲去艺术中心想听音乐会，但是今天没有，于是她们去购物。难得阳光明媚，我选择徒步。

英国的气候湿润，冬天都是绿草如茵。这两天早上地上有一层厚厚的霜，有点像薄雪，树上雾凇，很是美丽，到中午霜都没有化掉，在阳光照射下温婉动人。这样的景致，在国内几乎难以看到，所以，我想细细地感受。

在校园走了一段，坐上801路车，提前几站下车，绕了一条新的路，有一所小学和幼儿园，宁静幽美。

最后的目的地是Quinton Park，这是我第六次来这里了，今天我特意买了一条面包，来喂我惦念的大雁。

我惦念的大雁

12月15日

文化考察：安菲尔德球场——利物浦主球场

2012年12月15日　星期六　晴转阴

我不得不庆幸自己的这一抉择。

这个景点不是在统一安排的范围之内。几个球迷为了看这个景点，放弃了看博物馆的时间，一边走一边打听，走了一个多小时才到。

我和福玲在从容地看完了所有景点、其他人都去购物的时候，打电话问了正在路上的Hymen，他果断地好心告知我们不要再去，太远了。

我不得不佩服自己的执着，我和福玲果断地决定：打的过去。应该庆幸的是，此刻这里正在进行利物浦和维拉队的比赛，的士收音机里正在直播。我们听到了现场高亢的呼声！

因为比赛中，我们没买票是不让进去参观的，但是我们8人，绕到另一个门，对保安同志进行了晓之以理动之以情的心理“攻势”：说我们来自遥远的中国，今天是步行一个多小时才找到这里的……这边的英国保安比那边的通融多了，果然网开一面，让我们进去了。

真的不虚此行！

附介绍：

利物浦的队徽、盾牌中的鸟是利物浦市的标志，上面的花纹是球场大门香克利闸门。注意中间有两个椭圆形的圈圈，左边的里面是个叉叉，其实就是苏格兰国旗；右边的里面是一朵花，是苏格兰的国花蓟花，这说明利物浦和苏格兰渊源很深，因为最初的主力都是苏格兰人。旁边两把火象征两次惨案，无须多言。

利物浦的队徽

12月16日

文化考察：考文垂大教堂和战争纪念公园

2012年12月16日　星期天　晴

今天阳光明媚，我们相约再去考文垂中心。吸取上个周日长时间等不到车的经验，我们10点钟开始徒步去。住考文垂这么久，第一次步行去市中心，花了近一个小时。沿途风光无限，很有成就感。

主题是考文垂大教堂和战争纪念公园。考文垂大教堂去过一次，这次是综合网上资料深入理解。考文垂战争纪念公园，有点像东湖公园，很大，主要是自然景观，有一个纪念碑。很多市民来此休闲遛狗。

考文垂的名气是建立在一个中世纪教堂的毁灭和一个现代教堂的诞生之上的。

由于工业发达，第二次世界大战期间，这里一直是英国最重要的武器产地，也由此遭到了德国空军的猛烈轰炸。1940年11月14日，考文垂遭到了猛烈的空袭，考文垂大教堂直接被击中，整个教堂毁于轰炸和大火之中。

《战争安魂曲》发源地

第二次世界大战之后，英国人将这里建成遗址公园，并在旁边建起了一个最新的大教堂，以纪念战争受害者，宣传人类和平。英国作曲家本杰明·布里顿为这个教堂的落成专门创作了大型合唱作品《战争安魂曲》。

12月16日

微记录：再见，大雁！

2012年12月16日　星期天　晴

今天和斌斌、福玲去考文垂中心，感受考文垂的文化历史，并且购得body shop若干。

今天来这里的同学碰到几拨了，和秀秀、果子三人在红磨坊中餐馆吃了一顿特别美味的海鲜炒饭，我提前回来是为了再一次去Quinton Park看望惦念的大雁，这是我第七次来，也是第二次特意买了一条面包来喂食大雁。

跟大雁告别

再见！大雁！

12月17日

微记录：退税、登机

2012年12月17日　星期一　晴

前两天，在机场或者飞机上，今天补记。

因为去年在巴黎亲历了退税的艰难，排了3个小时队都没退成，最后匆忙改填卡里。

又听说，前几届机场退税、登机的烦琐，加上退完税后还要预留时间，可以把退到的英镑到机场免税店花掉。

所以，晚上9点的飞机，我们上午9：00就出发了，华威大学统一派车，分3个点接我们，我们801路方向的6人是9：00第一批上车的，肯尼沃思时间9：30全部上齐，我们11：50就到达了机场。

准备出发去机场

也许因为不是周末，退税的人不是很多，我和福玲动作迅速，排在本团的最前面，不到半小时就到了，没想到英国人比法国人聪明多了，同时开通了七八个窗口（去年法国才3个），退税单盖章和领钱在一起完成（去年法国，盖章排一次队，半个多小时，取钱排一次队，近3个小时还没取到，最后匆匆登机）。

英国人也比较和善，有的退税单原本只能选择退卡里，但是现场说一下，也给了现金。

退现金，手续费还是比较贵，我15张退税单，本来有249镑，但是共扣了近50镑（近500元）手续费，相当于每一单要3镑左右，不过不到一个小时，190多镑的现金就全拿到了手里，还是很高兴。

这里还有个小小的插曲。有的窗口的人员比较通融，拿到税单，直接盖章，结账，给钱，我的这个柜台是个年轻的女的，比较死板，一看我拿出一沓税单就问我，你购的东西呢？我把拿过来的几件相对贵重的（超过240镑要抽查物品）给她看，她说就这些吗？我说其他在外面，同学看着，她说你全部拿来吧，我又去把大箱子拿来，拿来后又不看，因为她的同事告诉她，不必过于较真，还有几个同学也遇到了类似问题。

不过总体比预料中顺利多了，不到两个小时，连因守行李而最后去的同学也全部退完。

对待行李托运问题也比出发时的香港机场宽松多了，香港机场超过23公斤必须拿出来，或者多交300元托运费，所以我们这次出发前都反复称过行李，大部分同学加了行李箱位（35英镑），没想到这里挺松，有同学28公斤，超重5公斤都没有让她拿出来，有点后悔，大箱子可以多塞一点的。

大家安检后，进了机场，离起飞还有几小时，便用退税的钱狂购物，没想到登机口小姐又把我们拦下，说我们行李太多，随身行李只能有两件，而我们大多已有三四件了，有的东西机舱行李箱放不下，要我们托运，我们感到诧异，不过一沟通，知道此刻拦下托运的行李是免费的，不过下次再有这种情况是要加收40镑的。

伦敦时间晚9：20安全起飞！

12月22日

微记录：被回收的护照

2012年12月22日　星期六　晴

因为是因公护照，所以一回来就得回收、注销。

想起在外两个多月，这本护照一直在随身的包里，不敢有任何疏忽，因为出发前培训时就被反复强调，在外，护照比钱、比任何东西都重要，否则就回不来了（去年去欧洲旅游带的是私人护照，导游怕我们丢了麻烦，直接由他统一保管，回来的时候才发给我们）。很多人都买了专门放护照的小包，睡觉上厕所都贴身背着，我是放在随身钱包的最里层。

护 照

12月24日

回放：毕业典礼与欢送午宴

2012年12月24日　星期一　晴

今天上午展示结束后，华威大学给我们准备了丰盛的欢送午宴，比刚来的时候的欢迎午宴更加隆重。

本来这个欢送午宴是在17号那天的，但考虑到我们晚上的飞机，行李多，怕大家不方便，所以提前了。

两次午宴都在同样的大厅，但心情是不同的。刚来时的新奇，结业前的不舍，尽在不言中。

告别宴

全体留影

12月26日

回放：我的毕业证

2012年12月26日　星期三　晴

我们的毕业证，是12月14日欢送午宴结束后，由华威大学的老师给我们颁发的！现在想来还比较激动。

毕业证

12月31日

回放：我的礼物

2012年12月31日　星期一　晴

我把住家的约翰、艾琳夫妇当作英国人民的友好形象的代表。

很感激，在我住在他们家的两个月里，他们对我热情友善，吃的住的都很好，临走的前一天还送给我三件小礼物：

约翰自己的画作制成的一套明信片。

一张圣诞祝福的贺卡。

一个有“考文垂”标志的小镜子。

我会好好珍藏！

华威大学的结业证，是华威大学给我的最好礼物。

华威大学结业证

1月3日

汇报讲座：一样的海培，不一样的精彩

2013年1月3日　星期四　晴

海培的最后一关，就是汇报讲座和论文提交。

2013年1月3日下午，我在全校教职工大会上，做了一堂《一样的海培，不一样的精彩》的汇报讲座，得到同事朋友的热情赞美，自己也如释重负，心情舒畅，这是我近日来面临的最大压力。

汇报讲座

2月23日

海培总结：根与翼

——关于英国文化的思考

我们能希望给孩子的永久礼物只有两种，第一是根，第二是翼。

——霍丁·卡特

很荣幸，很感激，能够参加市教育局组织的为期两个月的英国华威大学的海培。在英期间，我十分在意对英国教育状况的了解，尽管时间不长，了解不全，但我们仍深深感受到了，以高水平教育质量和严谨的学风而闻名于世的英国教育，而且也感受到了英国的风土人情和文明的社会环境。

英国的历史文化底蕴之悠久，让我为之赞叹：神圣的教堂、神秘的古堡，教育的奇迹，自然的奇趣……给我留下了深深的思考。

我想，是古老悠久的文化，为英国现代教育扎下了深深的根基；以人为本的教育理念，注重实用、强调实践性的教学模式，为英国现代教育插上了腾飞的翅膀。俗话说，人无根而不立，根是生命之本。正像源远才会流长一样，大自然的现象是，根深必然叶茂，而教育一旦有了根，而且深深地扎下根须，就会自立，就不会动摇，就拥有力量。同样的道理，人无翼而难翔，翼是生命之帆。教育一旦有了翼，而且不断丰满其翎羽，就会腾飞，就会产生创造。

以古老的文化底蕴为根，以先进的教育理念为翼，形成了英国文化的独特魅力，吸引了世界的目光，使英国文化在国际上享有盛誉。

一、神圣的教堂

在英国，每一座城市，必定有他神圣的教堂，新到一地，你很容易发现那挺拔入云的尖顶，那悬浮半空的“十”字，这都是教堂建筑的标志。在城里，有时方圆十里就有七八座教堂。

英国的桂冠诗人约翰·贝杰曼爵士曾经说过这样一句话：“我们的教堂就是我们的历史，它是用木头、玻璃、铁和岩石写成的。”的确，在这些大大小小、风格各异的教堂里蕴含着英国文化的精髓，也从另外一个侧面展示着英国千百年来的悠久历史。

我们利用周末，考察了伦敦威斯敏斯特教堂、约克大教堂、利物浦大教堂、考文垂大教堂等。

伦敦威斯敏斯特教堂，既是英国国教的礼拜堂，又是历代国王举行加冕典礼、王室成员举行婚礼的大礼堂。在2011年4月29日，英国时间11时迎来威廉王子与凯特·米德尔顿的世纪婚礼。1000多年来，威斯敏斯特教堂已经成为英国王室的象征。

除此之外，这里也是英国王侯将相的长眠之地，女王伊丽莎白一世等20多位君主都埋葬于此，是个名副其实的皇家墓地。

那些对英国做出过杰出贡献的著名政治家、科学家、军事家、文学家也都在威斯敏斯特教堂里占有自己的一席或一碑之地，牛顿、达尔文、布朗宁、丘吉尔的墓葬都陈列其中。最为著名的“诗人之隅”不仅有诗人，还有那些著名的作家和音乐家。莎士比亚、米尔顿等人的雕像或凝坐，或俯首沉吟，儒雅倜傥，气度非凡。奥斯汀和夏洛特三姐妹的壁碑则分列左右，狄更斯、哈代等大作家的名字也可在其中找到，这里成了荣誉的宝塔尖。

一座又一座的石像，一块接一块的灵碑，从它们的故事中了解当时的历史，再将之穿织起来，渐渐地，一幅千百年来英国的文明画卷便被生动地勾勒出来。从诺曼底王朝到斯图亚特王朝，从光荣革命到殖民扩张，多少往事都被浓缩进这些石刻雕像之中。

我所住的考文垂，那里的大教堂就是《战争安魂曲》的发祥地。《战争安魂曲》是布里顿的作品中最有名的一首，于1962年为第二次世界大战被毁而重建的考文垂大教堂而作。有大量的事实可以说明，布里顿重新发现英国民族根基的重要性，这不仅仅是指布里顿直接回到了他的归属地所产生的心理因素，彼得·格莱姆斯曾唱道：“我是土生土长的英国人，我的根基在这里。”

可以说，在英国，教堂不仅是做礼拜的地方，更是一个民族精神的凝聚地。不仅代表着宗教，更包含着历史的意味、文化的底蕴和艺术的氛围。在那里，有太多的宝藏及动人的传说，让人们在享受片刻静逸之余又会浮想联翩，总有意犹未尽之感，这也许就是英国教堂的魅力所在。

二、神秘的古堡

看了英国的古堡，你就不得不感叹英国的文化底蕴是如此厚重。可以毫不夸张地说，无论你随便走在哪条路上，道路两旁的建筑都会向你展示它们的历史……而那些古城堡就更具代表性了。

爱丁堡、温莎城堡、华威城堡、俄赫特古堡，几乎每一个古堡都有上千年的历史。

爱丁堡，即一个城堡的名字。中世纪城堡的典范——华威城堡，集雄伟和豪华于一身，也是囚禁爱德华四世的地方，可见其历史之悠远，气势之恢宏，景观之优美，内涵之丰富。

由于在那高高的城墙后面，镌刻了一段段精彩的历史，记录着一个个传奇的名人，演绎过一串串动人的故事，这就给每个城堡都披上了一层神秘的面纱。

城堡大多有两方面的作用：一是主人的住所，主要包括卧室、客厅、餐厅、宴会厅等生活场所，王公贵族想尽办法将其装饰得华丽舒适，并且风景优美。二是防御，既自成一体、自给自足，又能抵御外族入侵，所以城堡多建立在战略要地，利用自然天险并配以坚固的城墙和军事装备。有了这两点特征，城堡完美地集中了好看和好用两个关键点，怎能不让人心驰神往。加上多年来由于古堡的神秘衍生出来的种种传奇轶事，更为古堡平添了一份浪漫的色彩。

例如，位于苏格兰高地的格拉米斯（GLAMIS）城堡就是一座十分漂亮的庄园。曼底式的角楼将古典的苏格兰塔楼围起，兼有法国与苏格兰的建筑风格。古堡外是一大片以意大利风格和荷兰风格建造的花园。这个漂亮的城堡也是一个著名的恐怖城堡，莎士比亚还从这里的鬼魂传奇中得到灵感，写下四大悲剧之一的《麦克白》。

看了这些古堡，你就不难理解《呼啸山庄》，不难理解《哈姆雷特》，不难理解《简·爱》。因为《简·爱》《呼啸山庄》《哈姆雷特》《傲慢与偏见》《理智与情感》等著作，都是以古堡为背景的英国文学典型。

可以说，这些神圣的教堂，神秘的古堡，承载了英国的历史与文化，让英国文化根深叶茂，源远流长。

三、教育的奇迹

在中国，能够搞百年校庆的学校实属罕见。

在英国，牛津大学建校于1167年，为英语世界中最古老的大学，距今已有846年的历史；在800多年的历史中，牛津大学培养了6位英国国王，26位英国首相，多位外国政府首脑（如美国前总统比尔·克林顿）、近40位诺贝尔奖获得者以及一大批著名科学家，如经济学家亚当·斯密、哲学家弗朗西斯·培根、诗人雪莱、天文学家埃德蒙多·哈雷等。

剑桥大学成立于1209年，有800多年的历史，是诞生诺贝尔奖得主最多的高等学府，89名诺贝尔奖得主曾经在此执教或学习（90人次，其中弗雷德里克·桑格获得两次），大多数都是剑桥大学的学生。

牛津大学雍容富丽，王者气派；而剑桥大学幽雅出尘，宛若诗人风骨，它们悠久的历史、独特的教育方式和辈出不穷的卓越人才，给人类文明史添上了浓墨重彩的一笔。那里，不愧是全球莘莘学子心中的圣土！

有人对牛津大学和剑桥大学做了分析，牛津大学会问："What do you think？"剑桥大学会问："What do you know？"看来，牛津大学更注重思想，而剑桥大学更注重求知。这大概就是牛津大学出了30多名首相，剑桥大学出了89位诺贝尔奖得主的原因。

英国的教育，之所以能够插上腾飞的翅膀，与英国教育"以人为本"的教育理念和注重实践的传统是分不开的。

英国的义务教育实施于1880年，之前是中世纪的教会学校，相对于我们国家的义务教育，早了近100年。"每个孩子都重要""兴趣是第一位的"是英国中小学教育的基本理念。这在我参观过的拉格比中学、蓝衣教会学校、易通中学都有深切的体会。

在英国学校中，师生、生生之间是平等的，他们之间不存在主次问题，教与学是人与人的平等对话；他们都十分注重发展学生的主动性和创造性。了解学生的喜好，支持学生的选择，鼓励学生独立成长。他们让所有的学生感受学习中的快乐，他们给予学生多方面展示自己的平台，并且能够站在学生的角度来思考教学。在教学过程中也表现出教学方法、教学内容的灵活性：其一，教师留大量的时间让学生去阅读材料、讨论、辩论；其二，教学内容根据学生需要和兴趣进行增补。

特别让我感慨的是，三所中学都没有为校长配备专门的办公室工作人员，却给学习有困难的学生配备了专门的助教，这是英国教育“以人为本”的真实体现。英国政府花巨资，为每个班级都配备专门的辅助教师，这些教师在课余时间辅导一些需要特殊照顾的学生。对于学生个体心理健康成长而言，其意义远比提高成绩要深远得多。

我想，在这种“以人为本”的理念下培养出来的学生，也必定是富有人性光辉的。很多学校在招生宣传时，不是鼓吹自己的考试成绩，而是强化自己的教育理念，我所知道的一所学校，它的教育理念就是培养有责任感的绅士。

我们常把英国人和绅士自然地联系到一起，其实这种绅士风度是贯彻在实实在在的教育中的。

四、自然的奇趣

在英国，最让我敬佩和留恋的是这里的生态环境！

离我住家3站路的Quinton Park我去了7次，因为那里成群的大雁和野鸭，让我牵肠挂肚，我亲眼看到市民自发地带来成袋的谷类喂大雁。回国的前一天，我还特意买了面包去喂大雁，以慰藉我对大雁的幽深情结：小时候，天空中的雁阵常常引起我的遐想：它们，要飞向哪里去呢？远方的远方，是什么样的呢？琼瑶的雁儿在林梢，毛泽东的长空雁叫霜晨月，都给人一种诗意，一种淡淡的感伤，在英国的江河湖泊，池塘小溪，只要有水的地方，就能看到野生的天鹅、大雁。

长恨“雁”归无觅处，不知转入此中来，我想任何一个文人墨客看到如此和谐的自然奇迹，都会流连忘返。

正因为有这么强的环保意识，英国的田园风光非常迷人，全国的乡村就是一个大大的高尔夫球场。城市路边大片的草坪和树木，在人群喧闹的城里，人们随时都有可能见到萦绕在脚边的白鸽、在林间跑动的松鼠、蔚蓝的湖边的一群群悠然自得的天鹅。

难怪，生长在温德米尔湖畔的英国桂冠诗人华兹华斯，能唱出那么美妙的自然与人性的赞美诗来，因为他对自然有着“虔诚的爱”，将自然看成自己的精神家园。在英国西北部的湖畔，还有不少诗人聚集，其诗作多描写湖区美景，他们成为“湖畔派”诗人的代表。

在英国真的能感觉到皮肤都在呼吸，因为这里的空气是那么清新、润湿，似乎没有一点尘埃。当华兹华斯拿着笔斟酌“眼中所见的自然/充满神的恩赐”，又或者“我爱在风狂雨骤的夜晚”的时候，不能不说，是自然的美景激发了他的灵感。

教育的奇迹，自然的奇趣，让英国文化插上了理想的翅膀，吸引着世界的目光。

以古老的文化底蕴为根，以自然的人性光辉为翼，这就是英国文化留给我们的永久礼物，这就是英国文化的独特魅力！

赴英培训班留影

（本文在《深圳民革》发表）

2013年2月23日

4月25日

后记：欢迎Cathy相聚围龙屋

2013年4月25日　星期四　晴

2013年4月23日晚上，是我们第十期英国海培班的同学回国后第五次聚会。

欢迎英国班主任Cathy，相聚围龙屋。

海培班同学聚会

4月27日

后记：很惊喜，很怀念

2017年4月27日　星期四　晴

时隔4年，收到英国海培住家艾琳的来信。

很惊喜，很怀念！

相识已然四年，温馨如昨。

细数阳光岁月，依稀如梦。

那些纯净美好的日子，

那份真诚善良的情怀，

常常在我平淡的日子里，

悄悄滋长出光辉。

Christmas Eve, 24th December 2016

Dear Ruyi,

We were so happy to have your letter and best wishes for us.

Thank you very much for the gifts you sent to us - it was most generous of you.

We hope that you and your family are all well and wish you all a Happy New Year. The Year of the Rooster on 28th January 2017

In January we are having 2 students from Beijing staying with us.

We can not believe it was 4 years since you stayed with us but I remember how much you liked taking photographs - especially of our Christmas Tree.

When you stayed with us we saw how thoughtful and generous you were and we missed you when you left.

A lot of people stay here and we do not remember most of them - BUT we will never forget you.

We all wish you the happiest of years. Peace to all

With love from Eileen & John

艾琳的来信

附 录

母爱三则

一

这是发生在中考第一天的故事。

来自温州的她，已是年产值几千万元的某公司的总经理，但作为她儿子的班主任，我清楚地知道，她更是个慈爱的母亲。

中考第一天，她起了个大早，亲自为儿子准备好营养的早餐，儿子起来后，她便按习惯到楼顶花园走走，然后准备送儿子去考场。可是就在她下楼的时候，不小心摔了一跤，一阵钻心的剧痛使她意识到事情的严重，但她的第一个反应却是不能让儿子知道，以免影响儿子考试。她竟没有叫一声，而是忍着剧痛，不声不响地摸到了沙发上，坐下来，非常镇定地告诉儿子：妈妈临时有客户，就不送你了，让爸爸送你去，你只要镇定、放松，肯定能考好的。

就这样，她的儿子在爸爸的陪伴下愉快地走进了考场，她自己却一直忍着剧痛，等丈夫送完儿子回来后才把疼得大汗淋漓的她送进了医院，拍片结果：左踝骨粉碎性骨折。医生简直不相信她为了儿子以如此坚强的毅力坚持了近两个小时。在接下来的两天中考时间，她一直瞒着儿子，她的儿子还以为妈妈忙在公司里，一点也没想到妈妈在医院忍受着怎样的痛苦与牵挂，一直到儿子顺利考完。

难怪在中考成绩出来后，她的考了595分的儿子竟痛哭了一场，谁能不为这位坚强的母亲感动得落泪？

二

这是发生在青海湖的故事。

在青海湖的鸟岛上，斑头雁是爱情的象征，深受人们喜爱。我在这里要讲的却是一个悲壮的斑头雁母亲。

正是旅游旺季的鸟岛上，游人如云，自然也难免鱼龙混杂。那天，一个不怀好意的游客，偷偷地钻进了鸟岛，偷走了斑头雁妈妈的一窝蛋，发现敌情的斑头雁妈妈发出了愤怒的哀叫，不顾危险，追逐着这位游客，她的惊叫似乎引起了鸟岛上群鸟的公愤，一时间，成千上万只鸟盘旋在天空嘶叫着，抗争着，这一壮观的景象吸引了几乎所有的游客，大概那个偷蛋贼心虚，扔下蛋就准备逃跑。

正当管理人员与偷蛋贼争执着处罚决定的时候，只听到一声凄厉的哀叫，那位可怜的斑头雁妈妈，对着那摊摔碎了的蛋，从高空纵身直冲了下来，撞死在她原本即将破壳而出的孩子们身边……

震惊不已的游客，怎能不为这位殉情的母亲哭泣？

三

我的平凡而伟大的母亲。

从小在奶奶呵护下长大的我，对母亲的依恋似乎不如别人那么强烈。奶奶去世后，伤痛的我常常多愁善感地认为，世上再没有疼爱我的人。有时看到母亲和妹妹一起有说不完的话，念不完的情，甚至产生一种隐隐的嫉妒和逆反心理：父亲爱的是哥哥，母亲爱的是妹妹，而我……我对含辛茹苦的母亲并不很亲近，有时还惹她生气。

直到去年暑假，积劳成疾的母亲在我们的再三催促下住进了医院，一切才完全改变。4个多小时的手术后，被推出来的母亲还在麻醉状态，脸色蜡黄，叫人担心，医生说麻药未散时可能会说胡话，叫我们不用紧张。在焦急而漫长的等待后，母亲终于有了动静。我看到她的眼里竟流出了泪水，第一句话竟是叫着我的小名，然后说着一些含糊不清的话语。但我却完全听懂了她的意思：她可怜的女儿，还要赶到很远的地方去上班，又受她拖累云云……那一刻，早已泣不成声的我，从来没有如此深切地感受到：我可怜的母亲啊，我该怎样报答你？

直到现在，有人总不理解，看似无所求的我，为何一见到佛像就连忙跪叩。其实，那不是迷信，而是献上我一颗虔诚的心——为我远方的还受着病痛折磨的可怜的母亲。

快乐二班

初三（2）班　智　源

也许你会认为：能出一个881分市中考状元！16个700分以上，每一个人都600分以上，平均成绩691.9分的班级，一定很闷，很书呆子气，但你错了。

——引言

没到二班之前常听见隔壁班整齐而优美的朗读声：“滚滚长江东逝水，浪花淘尽英雄……青山依旧在，几度夕阳红，”我顿时觉得，上帝一定常带着阳光光临那个班。终于，我也来到了这里，尽享涌动在二班的激情与渴望。

笑容，是的，在这里我拥有了更多的笑容。周围的她与他是热情而亲切的。在二班，无论成绩好坏，都能得到别人全身心的尊重与友爱，孤独从不存在。

在这里，我们学会如何承受竞争与压力。

那是我的班主任汪淑青老师教会我的，她的三句口头禅：“你们是最棒的！”“态度决定一切！”“天不会塌下来！”是我们初中三年的航标！

记得那天，我们忐忑地坐在位子上，正愁七天之后的中考。

她翩然走进，带着她瀑布般的长发和她亲切的笑容。她从来都像母亲，关注着我们的点点滴滴。

“没什么的，真没什么。那是你人生必过的一个小坎。打起精神来，天不

会塌下来！我们——”突然满面春风，“我们去爬山，去东湖！”

哦，东湖！我们的热血又沸腾起来！

东湖有温柔的湖水和干净的风，还有被夏日的阳光照耀得生机焕发的绿色。尤其是在这个时候，与同学们在一起，久违了的感觉。伴着一浪一浪的蝉声，一切释放。

压多了，累多了，人会憔悴，除了朋友和老师，大自然是最宽慰的支持。心就是如此坚强。

于是，我带上我的球拍，与友人，尽情奔跑，跳跃。

这是班主任教会我们的一种释放的方式，如此投入就不会疲倦。流一点汗的感觉是快乐的。

难忘二班，难忘那每一张的笑脸，难忘老师教我们唱的班歌《真心英雄》，难忘那一只勇敢地举起的手和那走向讲台的一迈，难忘那几张被优美诗文感化了的面庞，难忘校运会上的“二班精神”，难忘那阵阵如雷的掌声。都是我们如珍宝的回忆啊。

总之是快乐的——我们的初三（2）班！

有你，真好！

——给我的班主任汪老师

初三（2）班　颖 欣

你的汗水是智慧的花朵，你的背影让我们感到亲切而庄重，你如瀑的长发，扬起我温馨的风帆。如果说881分的市中考状元是我的骄傲，但我要说，你才是我真的幸运！

——题记

你，没有华丽的舞台，没有簇拥的鲜花，三尺讲台、一块黑板就是你挥洒人生的天地。笔尖耕耘桃李地，墨水浇开智慧花。你带着我们在知识的海洋里尽情遨游，让我们能够透过你的眼睛去观察这个绚丽多彩的世界。你常对我们说“你真棒”“你能行”。在你的教导下，我们学会了把知识变为力量，替自己攻克一道道难关，也积极地帮助别人。我们在知识的殿堂里接受着神圣的洗礼，沐浴着温暖的阳光。

但你不仅把知识传授给我们，还教会我们如何用灵魂去歌唱，用真诚去追求。当我们困惑的时候，你教我们“面朝大海，春暖花开”！你在我们心间种下爱的种子，用汗水让它生根，发芽，从此我们才学会了去爱，去包容。

你启迪我们真正领会了大自然的恩惠，当我们疲惫的时候，你带我们去水库，去东湖！领略“江山如此多娇”，从此我们读懂了每一瓣绿叶，每一片彩云，每一朵浪花。

你满怀爱心地创造了一个温暖的集体，你常带我们高歌《真心英雄》，教我们“把握生命里的每一分钟”，在我们这个集体中，每一分钟都拥有着欢笑、歌声和阳光！

如果说黑板是一块肥沃的土地，那么，老师便是在土地上辛勤劳作的农夫，让在这里生长的幼苗都能充分享受到雨露和阳光；铃声响起那刻，你用教鞭做桨，划动那船只泊在港口的课本；如果说黑板是一张雪白的画纸，那么，老师便是一位技艺娴熟的绘画大师，你以粉笔作画，带领我们去发现知识的美，去品尝它的甘甜。我们决不会忘记你那一句句谆谆的教导，一个个温暖的手势，一次次鼓励的眼神，它们都是在我们心中烙下的一道道印记。

在我踏上新的征途之时，让我献上一束鲜花，一句祝福，让我说出深埋心底许久的那一句肺腑的话——有你，真好！

我的优秀学生

不完全统计：

（以下这些学生都是我任班主任从初一到初三带了整三年的孩子）

2005届：

1. 王　旭：美国布朗大学博士后

2. 刘　畅：北大本硕连读

3. 张　正：美国约翰斯霍普金斯大学（金融工程管理硕士双学位）

4. 单　晓：美国佛罗里达大学毕业（计算机硕士）

5. 张　宸：美国乔治华盛顿大学（金融硕士）

6. 王英飞：美国伊利诺伊大学读本科，宾夕法尼亚大学（梁思成母校）建筑硕士

7. 许元飞：美国明尼苏达大学

8. 朱江涛：武汉大学

9. 孟　婧：香港大学

2008届：

1. 黄思敏：伦敦大学学院读硕士（University College London）

2. 黄莉婷：伦敦大学学院读硕士（University College London）

3. 周希文：美国康奈尔大学（Cornell University）

4. 杨选琳：美国俄亥俄州立大学读本科（The Ohio State University）

5. 丘弘灏：美国加州大学伯克利分校读硕士（UC Berkeley）

6. 蔡智斌：美国雪城大学（Syracuse University）

7. 黄欣宁：英国伦敦大学金史密斯学院（Goldsmiths，University of London）

8. 王仲迥：美国卡耐基梅隆大学读硕士

9. 黄维嘉：美国波士顿学院（Boston college）

10. 高健铖：美国伊利诺伊大学厄巴纳—香槟分校

11. 区加华：加拿大多伦多大学

12. 姚东东：香港科技大学

13. 植信源：香港科技大学

14. 李伦豪：香港中文大学

15. 张晓航：英国巴斯大学读会计金融

2011届：

1. 曾资敏：斯坦福大学读研（Stanford University）

2. 李欣怡：耶鲁大学读研

3. 徐铭心：美国芝加哥大学读研

4. 张馨月：美国芝加哥大学读研、读博

5. 李兆琪：英国杜伦大学读研

6. 卢　剑：荷兰代尔夫特理工大学（Delft University of Technology）

7. 梁宗仁：加拿大多伦多大学

8. 黄荣洲：中山大学免试录取攻读硕士

9. 杨吉骁：美国雪城大学

10 .刘沛熹：已经收到香港大学和英国伦敦大学等学校的Offer

11. 齐　雪：香港中文大学读研

12. 肖　荟：美国圣路易斯华盛顿大学

2014届：

1. 刘昕妮：美国密歇根大学（University of Michigan）

2. 黄俊源：中山大学

3. 陈　晏：东北大学

4. 李明璋：上海交大

5. 马　晴：暨南大学

6. 邬珊珊：华南师大

7. 许紫姗：广州工业大学

8. 李宗欣：华南师大

9. 李宗婉：华南农大

10. 温雅婷：华南师大

11. 马雨歆：重庆大学

12. 范晨诗：广东外语外贸大学

13. 陈语彤：暨南大学

14. 李　西：浙江传媒大学